T0326528

LETTRES DE
PAUL CLAUDEL À JEAN PAULHAN
(1925-1954)

CORRESPONDANCE PRÉSENTÉE ET ANNOTÉE PAR
CATHERINE MAYAUX

PETER LANG

BERN · BERLIN · BRUXELLES · FRANKFURT AM MAIN · NEW YORK · OXFORD · WIEN

Information bibliographique publiée par «Die Deutsche Bibliothek»
«Die Deutsche Bibliothek» répertorie cette publication dans la «Deutsche
Nationalbibliografie»; les données bibliographiques détaillées sont disponibles sur Internet sous ‹http://dnb.ddb.de›.

Publication du Centre Jacques-Petit, EA 3187, Université de Franche-Comté

Illustration de couverture: Fac-similé du manuscrit de la lettre de Paul
Claudel à Jean Paulhan du 16 décembre 1932 reproduit avec l'aimable
autorisation de Madame Jacqueline Paulhan et de Monsieur Paul Claudel

Réalisation couverture: Thomas Jaberg, Peter Lang AG

ISBN 3-03910-452-7

Imprimé en Allemagne

Liste des abréviations

O.C. I à *O.C.* XXIX: Paul Claudel, *Œuvres complètes*, Gallimard, 1950 à 1986, tomes I à XXIX.

Po: Paul Claudel, *Œuvre poétique*, Introduction par Stanislas Fumet, textes établis et annotés par Jacques Petit, «Bibliothèque de la Pléiade», Gallimard, 1967.

Pr: Paul Claudel, *Œuvres en prose*, Préface par Gaëtan Picon, textes établis et annotés par Jacques Petit et Charles Galpérine, «Bibliothèque de la Pléiade», Gallimard, 1965.

J. I et *J.* II: Paul Claudel, *Journal*, Introduction par François Varillon, texte établi et annoté par François Varillon et Jacques Petit, «Bibliothèque de la Pléiade», Gallimard, tome I, 1968, et tome II, 1969.

Th. II: Paul Claudel, *Théâtre*, Textes et notices établis par Jacques Madaule et Jacques Petit, «Bibliothèque de la Pléiade», Gallimard, tome II, 1965.

S. I et *S.* II et *S.* III: Paul Claudel, *Supplément aux œuvres complètes*, Bibliothèque L'Age d'Homme, tome I, 1990, tome II, 1991, et tome III, 1994.

Introduction

La correspondance qu'échangèrent Jean Paulhan et Paul Claudel[1], du moins celle qui nous a été conservée[2], commence en 1925, à la mort de Jacques Rivière[3]. D'une certaine façon, elle constitue, au moins en ses débuts, la suite de la relation épistolaire que Rivière et Claudel avait entretenue de l'année 1907 à la déclaration de la première guerre – les deux hommes ne s'adressant ensuite que des lettres sporadiques[4], puisque Jean Paulhan succède à Jacques Rivière à la tête de la Rédaction de la *N.R.F.*[5] La polémique autour des dernières années dissolues de la vie de Jacques Rivière, la publication chez Plon de la correspondance Rivière-Claudel, occasion d'une découverte pour l'un, d'une relecture pour l'autre, et les divergences d'interprétation d'*Aimée*, publiée en 1922, occupent d'ailleurs une place majeure dans les premiers propos des épistoliers: il s'agirait, pour Paulhan en particulier, de liquider un certain passé, d'établir les nouvelles bases d'un dialogue entre l'auteur et son éditeur, et de construire la collaboration à venir dans le respect de la foi catholique du dramaturge, tout en préservant la diversité des opinions susceptibles de s'exprimer au sein de la revue. C'est pourtant bien sur ce

---

1   Paulhan et Claudel ont respectivement 41 ans et 57 ans en 1925. Un court florilège de cette correspondance a paru dans le *Bulletin de la Société Paul Claudel*, n° 173, mars 2004, pp. 60-68.

2   Il paraît vraisemblable que la lettre de Claudel du 1ᵉʳ avril 1925 soit la première de cet échange, mais il nous est impossible d'en avoir la preuve. A cette date les deux hommes se connaissaient encore peu comme le suggère le «cher Monsieur» de cette première lettre. Mais Jean Paulhan fait partie des fervents lecteurs de Paul Claudel dès avant 1914: il mentionne son nom dans l'édition de 1913 de *Les Hain-teny merinas* (éd. Paul Geuthner, p. 47) et parle de lui dans *Le Spectateur* à l'occasion de l'ouverture du Vieux-Colombier (voir «Le Théâtre du Vieux-Colombier», *Le Spectateur*, novembre 1913, pp. 389-390).

3   C'est le cas pour d'autres écrivains, comme Saint-John Perse (voir *Correspondance Saint-John Perse – Jean Paulhan, 1925-1966*, édition établie, présentée et annotée par Joëlle Gardes-Tamine, *Cahiers Saint-John Perse* n° 10, Gallimard, 1991).

4   Voir dans la lettre 13: «R[ivière] avait complètement cessé de m'écrire».

5   Jean Paulhan a d'abord été le secrétaire personnel de Jacques Rivière, en charge en particulier des manuscrits inédits d'Alain-Fournier, avant de devenir secrétaire à la *N.R.F.* en 1920.

point-là qu'achopperont les relations des deux hommes comme en témoignent leurs échanges, relations qui, pour être très certainement fidèles en dépit de tout, marquées par l'estime et par l'affection, connaîtront des aléas et atteindront même à certaines dates des points de rupture. Ceux-ci impriment une dimension cyclique à leur correspondance, qui lui donne, il faut bien le dire, tout son sel, Claudel basculant dans une franche hostilité à l'égard de la *N.R.F.* – dont il n'ignore pas cependant le renom – quand sa ligne éditoriale ne lui convient plus, Paulhan s'efforçant de ramener le dialogue vers un équilibre, sensible qu'il est, de son côté, au prestige, à la personnalité, à la pensée et à la qualité littéraire exceptionnelle du poète. La véhémence des protestations de Claudel et les tergiversations de Paulhan pour préserver l'ouverture d'esprit et l'apolitisme de la revue tout en conservant le lectorat des intellectuels catholiques de l'époque, introduisent dans cette correspondance une certaine tension. Les mises en garde menaçantes de Claudel (comme en mai 1937: «Si ce genre de fantaisie doit se renouveler, vous me rendrez de nouveau votre maison impossible»[6]) annoncent la rupture à venir; puis, des suites de petites lettres brèves, en apparence anodines, disent par leur non-dit la fragilité d'une confiance encore toute mêlée de défiance et l'attention vigilante d'un poète qui s'est senti profondément outragé par les agissements de son éditeur.

Alors que la correspondance de Claudel avec le précédent directeur de la *N.R.F.* est envahie par la question de Dieu, de la quête de la foi, et par le désir, chez Claudel, de convertir cet être tourmenté qui le sollicite, la teneur des échanges avec Paulhan est toute différente, plus «professionnelle» en un sens, et reste autant qu'il est possible à distance des questions religieuses, et en général des questions sensibles touchant aux mœurs et à la politique. Il est significatif cependant qu'une des très rares lettres adressées par Paulhan à Claudel qui nous soit parvenue soit précisément un brouillon conservé par l'auteur évoquant sa position, et au-delà, celle de la *N.R.F.*, à propos des vicissitudes de la foi de Jacques Rivière et de ce que la revue a dû ou pu dire dans ce domaine. Cette lettre, datée du 28 mai 1926, tient à établir discrètement mais clairement quelques points d'accord dans le respect mutuel: «Je voudrais d'autre

---

6 Voir lettre 78.

part qu'il ne v[ous] parût pas admissible de confondre exact[emen]t comme le fait Madame Rivière incroyance et perversité»[7] plaide en effet prudemment Jean Paulhan. «[E]ntre la Foi et l'incroyance il y a bien des degrés» lui répond Claudel, refusant toutefois de lâcher sa proie: «[Rivière] n'a jamais abandonné une seule de ses idées, pourquoi l'idée chrétienne ferait-elle seule exception?» Si la controverse, encore aimable, autour de la figure de Rivière, permet de cerner les positions, mais est aisément dépassée, il n'en est pas de même en décembre 1928 et en octobre 1939 lorsque la revue publie des textes de Paul Léautaud dont le voisinage avec ses propres écrits scandalise Claudel. Le contrat de publication est rompu, l'abonnement est résilié dès réception du numéro incriminé, et il faudra deux à trois ans d'efforts diplomatiques, et le concours des tristes circonstances de la guerre, pour que l'auteur accepte de nouveau de confier des textes à Jean Paulhan.

Mais la correspondance échangée entre les deux hommes est également intéressante pour d'autres raisons. On y perçoit en effet le bouillonnement intellectuel de toute une époque, de l'entre-deux-guerres à l'après-guerre, la diversité et la richesse de la création littéraire, et le dynamisme de l'activité critique qui l'accompagne[8]. Tout un aspect de l'histoire de la *N.R.F.* s'y retrace en filigrane: prise de fonction de Jean Paulhan comme rédacteur en chef en 1925; graves difficultés de 1942 alors que depuis 1940 la revue est dirigée par Drieu la Rochelle et que Jean Paulhan tente de la reprendre en main en constituant un Comité de direction composé de personnalités incontestables – dont Paul Claudel; création clandestine de *Les Lettres françaises* en 1942; résurrection de la *N.R.F.* sous la direction de Jean Paulhan et Marcel Arland en 1953. C'est aussi l'histoire parfois éphémère des revues littéraires fondées parallèlement à la *N.R.F.* qui s'inscrit au fil des échanges des deux épistoliers: celle de *Commerce* qui paraît de 1924 à 1932, celle de *Mesures* qui lui succède pour quelques années de 1935 à 1940, celle des *Cahiers de la Pléiade* qui publieront treize numéros (dont un hommage à

---

7 Voir lettre 11.
8 Sont ainsi évoqués Charles Du Bos, Albert Thibaudet, Jacques Madaule, Raymond Schwab, Wladimir Weidlé, Maurice Blanchot, Jean Amrouche…

Saint-John Perse pour lequel Claudel est sollicité) de 1946 à 1952[9] Il faudrait ajouter la presse littéraire et politique de l'époque tour à tour évoquée et critiquée par les deux écrivains: *L'Intransigeant*, le *Mercure de France*, *La Vie intellectuelle*, *L'Action française*, *Vendredi*, la *Revue de Paris*, *Le Figaro*, *La Revue des Deux Mondes*... On voit aussi apparaître les acteurs de cette vie littéraire sous la plume de l'un et de l'autre, comme Jules Supervielle, Saint-John Perse, Paul Valéry, Paul Fort, Charles-Albert Cingria, Charles-Ferdinand Ramuz, parfois avec un jugement sévère, ou un mouvement de rejet, de la part de Claudel quand il s'agit de Louis Aragon, André Gide, Paul Léautaud, Charles Maurras, Henry de Montherlant ou Jean Genet. Surtout, on voit progressivement s'édifier l'œuvre littéraire et critique de chacun des deux auteurs, plus discrètement toutefois en ce qui concerne Jean Paulhan – dont les lettres, perdues pour la plupart, font cruellement défaut. Celui-ci, qui, parallèlement à son activité d'éditeur, s'adonne aussi à l'écriture d'une œuvre, envoie en effet plusieurs de ses ouvrages à Paul Claudel: *La Guérison sévère* (1925), *Expérience du Proverbe* (1926), *Les Hain-Tenys* (1938), *Clefs de la poésie* (1945) auxquels Claudel répond par un remerciement souvent rapide.

Les lettres que conserva Jean Paulhan permettent de suivre l'évolution de la création claudélienne pendant ces années. Au moment où débute cette correspondance, Claudel a déjà derrière lui l'essentiel de son œuvre, notamment dans les genres théâtral et poétique[10]. Il adresse pour publication à Paulhan des textes extrêmement intéressants et importants, essais qui feront date dans le domaine de la réflexion sur l'écriture poétique comme *Réflexions et propositions sur le vers français* ou *La Catastrophe d'Igitur*; ou bien textes et poèmes liés à son séjour au Japon comme les pages qui figureront dans *L'Oiseau noir dans le soleil levant* ou encore plusieurs *Dodoitzu*. Mais on sent surtout émerger, de manière fragmentaire, peut-être incertaine ou délibérément discrète, un pan

---

9   Nous renvoyons le lecteur au très utile «Répertoire des journaux et revues» publié par Jean-Jacques Didier à la fin de la correspondance Jean Paulhan – Marcel Arland (*Cahiers Jean Paulhan* n° 10, Gallimard, 2000, pp. 380-385).

10 La lettre du 25 avril 1945 évoque d'ailleurs le projet de publication par Jacques Madaule du *Théâtre complet* de Claudel dans la Bibliothèque de la Pléiade. Voir lettre 120.

nouveau de l'œuvre de Claudel et qui deviendra un des massifs les plus importants et les plus étonnants de sa production, à savoir l'œuvre exégétique[11]. Avec «Mort de Judas», «Le point de vue de Ponce Pilate», l'extraordinaire «Légende de Prâkriti», «Le jardin aride», «Le marchand de colombes» que Claudel confie successivement à Jean Paulhan s'édifie peu à peu le recueil *Figures et Paraboles* que publient les éditions Gallimard en 1936. Avec «Judith», «Le Livre d'Esther» et «Le Livre de Tobie», c'est un autre recueil majeur de cette exégèse lyrique qui s'élabore et prendra forme dans *Les Aventures de Sophie* en 1937. Divers textes publiés par la *N.R.F.* de ces années-là et consacrés à l'exégèse artistique prendront place dans *L'Œil écoute*. Surtout, entre décembre 1928 et juillet 1930, Claudel écrit l'admirable *Au milieu des vitraux de l'Apocalypse* qu'il appelle dans ses lettres «mon *Apocalypse*», texte auquel il tient beaucoup et dans lequel il consent à «cueillir» pour Paulhan le début du chapitre XIII[12].

Les cent vingt-neuf lettres qui suivent nous ont été pour la plupart d'entre elles confiées par Claire Paulhan. Qu'elle soit ici très vivement remerciée, ainsi que Jacqueline Paulhan, de sa confiance et de sa générosité. Quelques-unes d'entre elles (quatre de Claudel et une de Paulhan) proviennent des fonds du Centre Jacques-Petit de l'Université de Franche-Comté. Pour des raisons de clarté nous avons adjoint à la correspondance échangée entre Claudel et Paulhan deux lettres de Paul Claudel à Gaston Gallimard (lettre 26 et lettre 29)[13], une lettre à Henry Church, le fondateur de la revue *Mesures* (lettre 50), ainsi qu'une lettre restée inédite de Paul Claudel à Jacques Rivière retrouvée par Claire Paulhan. Monsieur Alain Rivière a eu la gentillesse de nous autoriser à reproduire cette lettre en annexe. Que Madame Claudel-Nantet et Monsieur Paul Claudel qui nous ont permis de publier cette correspondance trouvent ici l'expression de notre gratitude. Nous remercions infiniment Maryse Bazaud pour son aide très précieuse, et notre collègue

---

11 Un colloque sur «L'écriture de l'exégèse dans l'œuvre de Paul Claudel» s'est tenu à Toulouse en mars 2001. Les actes, réunis par Didier Alexandre, vont paraître prochainement.

12 Voir lettre 105 et ce qu'il adviendra en définitive de cet extrait.

13 Déjà publiées: voir notes 1 de ces deux lettres.

Jacques Houriez et Bernard Baillaud, qui ont bien voulu relire l'ensemble de cette édition et nous apporter des précisions extrêmement utiles. Nous exprimons enfin notre reconnaissance à Madame Katherine Tschopp et aux Editions Peter Lang qui ont accepté de publier cette édition critique.

Catherine MAYAUX

1. P. Claudel à J. Paulhan

80 rue de Passy[1]

1 avril 25

Cher Monsieur

J'ai appris la mort de notre pauvre J[acques] R[ivière] en mer[2]. Dès ma descente à terre j'ai écrit à sa veuve[3], mais je regrette beaucoup de n'avoir pu m'associer à l'hommage solennel que vous lui rendiez[4].

---

1 Paul Claudel, de retour de Tokyo – retour qu'il croit définitif (voir *J*. I, 657) – où il exerçait ses fonctions d'ambassadeur depuis 1921, s'est embarqué sur l'*Amboise* le 23 janvier 1925 puis sur l'*Amazone* le 24 février; il arrive à Marseille le 24 mars et le 26 à Paris, où il s'installe au 80, rue de Passy (voir *J*. I, 667 et Gérald Antoine, *Paul Claudel ou l'Enfer du génie*, Laffont, 1988, p. 221: «Une fois de plus il a changé non de quartier, mais d'appartement. Le nouveau se situe au 80 de la rue de Passy»). Il repartira pour le Japon le 14 janvier 1926 (voir *J*. I, 703). Pendant cette période de congé en France, il restera très peu à Paris et effectuera de nombreux déplacements et voyages en France, Italie, Espagne et Angleterre.

2 Jacques Rivière, né en 1886, mourut à Paris le 14 février 1925. Il entretint avec Claudel une correspondance nourrie (voir lettre n° 6, note 3, et *Cahier Paul Claudel* n° 12, «Correspondance Paul Claudel – Jacques Rivière 1907-1924», texte établi et annoté par Auguste Anglès et Pierre de Gaulmyn, Gallimard, 1984). C'est sur le bateau qui le ramenait du Japon que Claudel apprit la nouvelle. Jacques Rivière était entré à *La Nouvelle Revue Française* en 1910 et la dirigea de 1919 à sa mort. Gaston Gallimard lui succéda officiellement – mais c'est Jean Paulhan (1884-1968) qui en devint le rédacteur en chef, après en avoir été le secrétaire à partir de 1921. (Il en deviendra le directeur en 1935.) Claudel, n'ayant pu s'associer à l'hommage rendu par *La N.R.F.* d'avril 1925, écrivit pour cette dernière un poème daté du 6 avril 1925, intitulé «Jacques Rivière», qui parut en tête du numéro de mai 1925 (voir *Po*, 690). Ce poème montre combien le poète entretenait l'espoir de convertir Jacques Rivière. Voir aussi *J*. I, 666-667.

3 Isabelle Rivière, sœur d'Alain-Fournier.

4 Cet hommage a paru dans le numéro d'avril 1925. Y participèrent, entre autres, Gabriel Frizeau, Paul Valéry, A. Saint-Léger Léger [Saint-John Perse], André Maurois, François Mauriac, Jean Cocteau, André Gide, Valery Larbaud, Jules Romains, Paul Morand, Jean Paulhan et Marcel Arland.

Je suis toujours chez moi le matin avant 10 h – ou alors il faut me t[é]l[é]phoner.

J'aurai grand plaisir à vous revoir.

Je vous serre très amicalement la main

P. Claudel

2. P. Claudel à J. Paulhan

80 Rue de Passy

10 Avril 1925

Cher Monsieur Paulhan

Ci-joint l'épreuve de «la Nature et la Morale»[1] corrigée par moi. Merci de la sympathie que vous me témoignez et des deux opuscules dont je vais prendre connaissance avec le plus vif intérêt[2]. Quant à ma collaboration à la *N.R.F.*, je ne demande pas mieux que de la continuer de temps en temps, mais les choses qu'on y publiait sous la direction de Jacques Rivière m'en avaient à peu près expulsé. Après l'«Extra» d'Aragon j'étais même sur le point de lui demander de ne plus me l'envoyer[3].

---

1 Ce texte a été publié pour la première fois dans *La N.R.F.* en juin 1925. Il figure dans le recueil *Contacts et circonstances* dans *Pr*, 1183.

2 Il peut s'agir, pour l'un de ces deux textes, de *La Guérison sévère* que Jean Paulhan venait de publier, en mars, aux éditions de la N.R.F. dans la collection «Une œuvre, un portrait» (57 p.). Voir *Catalogue de la bibliothèque de Paul Claudel*, Annales littéraires de l'Université de Besançon, 1979, p. 123. Tandis qu'il séjourne à Tarbes en février 1918, Jean Paulhan tombe gravement malade. Hospitalisé, il tient un carnet dans lequel il consigne les effets de sa maladie, mais aussi sa vie sentimentale partagée entre Saloméa Prusar (1884-1951), qu'il a épousée en 1911, et Germaine Pascal (1885-1976) rencontrée en 1915 et qu'il épousera en 1933. *La Guérison sévère*, écrit d'après ce carnet, raconte donc cette période difficile pour Jean Paulhan et son lent retour à la vie. Voir Claire Paulhan, *op. cit.*, pp. 182 et *sq.*, 323, 335.

3 L'«*Extra*» avait paru dans *La N.R.F.* de juillet 1922. On consultera avec profit à ce sujet la lettre de Paul Claudel à Jacques Rivière du 7 août 1922 (ainsi que la réponse de ce dernier datée du 1er octobre 1922): «Je ne puis comprendre comment un honnête homme, un père de famille et un chrétien [...] laisse publier sous son nom et sous sa responsabilité les saletés abominables que je lis dans le numéro de juillet de la NRF». L'essai de Louis Aragon dédié «à Isidore Ducasse» est un «texte en liberté, écriture en délire comme en produisent de plus en plus les surréalistes. Dans un débordement onirique d'images criardes et de situations grotesques, on suit confusément des scènes érotiques de toute nature. [...] Il y a des scènes homosexuelles dans le texte d'Aragon» (*Cahiers Paul Claudel*, n° 12, *op. cit.*, pp. 264-266 et la note p. 374). – A la même époque, Paul Léautaud tenait la «Chronique dramatique» de *La N.R.F.* sous le pseudonyme de Maurice Boissard (octobre 1921 à avril 1923).

Je serai heureux de recevoir le n° de mars.
Bien amicalement à vous

P. Claudel

3. P. Claudel à J. Paulhan

80 Rue de Passy

Paris le 11 mai 1925

Mon cher Paulhan[1]

Si vous le voulez je tiens à v[otre] disposition mes «Réflexions et Propositions sur le vers français»[2] q[ui] pourraient paraître dans 2 n° successifs de la *N.R.F.* Il faudrait venir le prendre avant le 18, date à laquelle je pars pour Florence[3].

Très amicalement

P. Claudel

---

1 Cette lettre porte l'en-tête «Ambassade de France au Japon»; le nom de Tokyo est barré à l'encre, remplacé par Paris.

2 Ce texte a été publié pour la première fois dans les numéros d'octobre et novembre 1925 de *La N.R.F.* et inséré par la suite dans *Positions et Propositions* I (voir *Pr*, 3). Le manuscrit est daté de Tokyo, 7 janvier 1925.

3 Claudel y avait été invité à faire une conférence pendant la Semaine française. Cette conférence faite le 25 mai à l'exposition du livre fut publiée sous le titre «La Philosopie du livre» dans *Le Navire d'argent*, n° 3, en août 1925 et en plaquette en 1926, les *Livrets du bibliophile*, n° 2; il fut repris dans *Positions et Propositions* I (voir *Pr*, 68 et *J.* I, 674). Voir aussi Gérald Antoine, *Paul Claudel ou l'Enfer du génie*, *op. cit.*, «Une grande année sabbatique: janvier 1925-mai 1926», pp. 221 et *sq.*

4. P. Claudel à J. Paulhan

Château de Lutaines
par Cellettes[1] (L. & Ch.)

7 août 1925

Mon cher Paulhan,

Vous m'avez dit que la 1ère partie de mes «Réflexions et Propositions» devait passer en Septembre. J'aimerais bien recevoir les épreuves le plus tôt possible, car j'aurais à ajouter une «Remarque» d'une dizaine de lignes (sur la question de l'enjambement)[2].

Je vous serre la main

P. Claudel

---

1   C'est là que Claudel commencera à écrire les *Conversations dans le Loir-et-Cher*.
2   Paulhan tient compte de la demande de Claudel. Cette «Remarque sur l'Enjambement» section 5 des *Réflexions et propositions sur le vers français* (*Pr*, 6), est insérée pp. 420-422 de *La N.R.F.* du 1er octobre 1925.

5. P. Claudel à J. Paulhan

Château de Lutaines
par Cellettes (L. & Ch.)

14 août 1925

Mon cher Paulhan

Suivant votre désir je vous renvoie la dactylographie des «Réflexions».
Je vous répète que vous pouvez parfaitement les renvoyer au n° d'Octobre, car je désirerais qu'elles parussent en deux fois
A la page 4 à l'endroit qui est marqué par une ligne il faudrait
intercaler la

Remarque sur l'enjambement

dont le texte est ci-joint.
Les différentes *Remarques*[1] doivent être imprimées en caractères plus
petits que [le texte], plus gros cependant que celui des notes.
Bien amicalement

P. Claudel

---

1 Deux autres «Remarques» sont également insérées à la fin de la première section
   (*Pr*, 3) ainsi qu'une «Remarque» à la fin de la deuxième section (*Pr*, 5). Elles ont
   paru en tête de la livraison du numéro d'octobre de *La N.R.F.* pp. 417-418, 419 et
   pp. 420-421.

6. P. Claudel à J. Paulhan

Château de Lutaines
par Cellettes (L. & Ch.)

[22 août 1925]¹

Cher Monsieur

Comme v[ous] me l'avez demandé je renvoie aujourd'hui directement les épreuves à l'imprimeur Paillart². Pourrais-je v[ous] d[eman]der de mettre un *erratum* à ma Correspondance avec Jacques Rivière³ «A l'idée de *Néant* ajoutée celle de *Jouissance*» et non *Puissance* q[ui] ne veut rien dire⁴.
Amicalement

P. C.

---

1 La date a été ajoutée d'une main inconnue: [C. P. 22 août 1925]. – Il s'agit là d'une carte postale en noir et blanc représentant deux chapiteaux du XIᵉ siècle du Sanctuaire de Saint-Benoît-sur-Loire: «la chute d'Adam» et «Adam et Eve chassés du Paradis». Claudel s'était rendu à Saint-Benoît-sur-Loire avec ses enfants le 16 juillet (*J.* I, 681).
2 Imprimeur de *La N.R.F.*
3 La correspondance Jacques Rivière – Paul Claudel était en train d'être publiée à *La N.R.F.*; elle a paru dans les numéros d'août, septembre et octobre 1925. Elle a l'année suivante été réunie en un volume chez Plon: Jacques Rivière et Paul Claudel, *Correspondance 1907-1914*, avec introduction d'Isabelle Rivière, Librairie Plon, 1926.
4 La faute commise p. 140 de *La N.R.F.* du 1ᵉʳ août 1925 a été corrigée dans la revue. L'erratum demandé par Claudel figure effectivement p. 339 de *La N.R.F.* du 1ᵉʳ septembre 1925, à la fin de la deuxième livraison de cette correspondance. La phrase exacte est: «Pour moi j'y trouve à l'idée de *Néant* ajoutée celle de *Jouissance*». Il s'agit d'un passage de *Connaissance de l'Est* cité par Jacques Rivière dans une lettre à Claudel datée du 23 mars 1907 (*op. cit.*, p. 16 et *N.R.F.*, août 1925, p. 140).

7. J. Paulhan et P. Claudel

Imprimerie F. Paillart
Abbeville

le 25 août 1925

Cher Maître,

je suis parti ce matin pour Abbeville: je désirais m'assurer que toutes vos corrections avaient bien été faites. A ma grande déception, M. Paillart me dit qu'il n'a reçu de vous ni lettre, ni épreuves corrigées. (Sans doute d'ailleurs, me suis-je mal exprimé, je n'avais pas eu l'intention de vous prier de retourner vos épreuves directement à Abbeville)[1]. Me voici fort embarrassé; le bon à tirer devrait être donné depuis deux jours, il est impossible d'attendre encore. Je prends le parti, après avoir fait toutes les corrections incontestables, de supprimer deux phrases, sur le texte desquelles je ne suis pas fixé, entre autres une citation de Saint-Augustin[2] [*sic*].

Je vous prie de vouloir bien m'en excuser. Mais je n'étais pas libre de vous faire adresser plus tôt les épreuves d'un texte, que Madame Rivière, ayant égaré une première copie, n'a pu me faire parvenir que le 10 août.

---

1 Voir la lettre précédente. Le même jour (25 août 1925), Claudel écrit à Isabelle Rivière: «[...] J'ai reçu les épreuves, envoyées par Paulhan, de la *correspondance* que j'ai corrigée, mais par suite d'un malentendu je les ai renvoyées directement à l'Imprimeur Paillart. [...]».

2 A la suite de cette lettre de Jean Paulhan (sur la même feuille), Claudel écrit à Isabelle Rivière: «Chère Madame, je suis extrêmement contrarié! Le service de la poste est vraiment honteux! Je tiens beaucoup à cette citation de Saint Augustin et je vous serais reconnaissant de la faire rétablir dans l'ouvrage définitif. Le mot déficient est *possidere*. Bien amicalement vôtre». Cette citation de saint Augustin a été rétablie et se trouve dans la lettre de Claudel à Jacques Rivière datée du 23 mai 1907 (*N.R.F.*, août 1925): «Ainsi l'enfant grondé trouve un amer plaisir à être malheureux et seul. ‹Cela du moins est à moi.› Il y a un texte de saint Augustin qui répond assez bien à cet état d'esprit: *At ego per avaritiam meam non amittere te volui; sed volui tecum* possidere *mendacium, sicut nemo vult ita falsum dicere, ut nesciat ipse quid verum sit.* Où trouvez-vous mieux que dans la religion un sentiment aussi profond du néant propre de l'homme, et cependant de sa dignité et de son grief?».

Le *vers français*[3] est à la composition. Vous en recevrez très prochainement les épreuves.

Je suis très respectueusement, très fervemment vôtre

Jean Paulhan

---

3   Voir lettre 3, note 2.

8. P. Claudel à J. Paulhan

Paris 80 rue de Passy

31 octobre 1925

Mon cher Paulhan

Dans le dernier n° de la *N.R.F.* p. 565 ligne 7 je n'ai pas écrit

ce n'est porté que par la musique

mais

c'est rien porté que par la musique[1]

Je voudrais savoir qui s'est permis de modifier mon texte auquel j'ai la faiblesse de tenir

Bien à vous

P. Claudel

---

1   Les références données par Claudel sont exactes. On lit «ce n'est porté que par la musique» dans *La N.R.F.* de novembre 1925. Dans *Pr*, 37 ainsi que dans *Positions et Propositions*, tome I, Gallimard, 1928, p. 75, on peut lire: «ce n'est plus porté que par la musique». Claudel commente en ce passage les sonorités et le mouvement d'une phrase d'Arthur Rimbaud extraite d'*Une Saison en Enfer*: «Et par une route de dangers ma faiblesse me menait aux confins du monde et de la Cimmérie, patrie de l'ombre et des tourbillons».

21

9. P. Claudel à J. Paulhan

Ambassade de France
au Japon

Tokyo, le 22 avril 1926[1]

Mon cher Paulhan

Ci-joint l'essai sur Mallarmé[2] que vous m'avez demandé. Quand vous n'en aurez plus besoin, renvoyez le manuscrit à

Madame R. Claudel
80 rue de Passy.

Pour une conférence qu'on m'a demandé de faire ici, je vous serais reconnaissant de me faire envoyer les Poésies[3] de Paul Valéry[4] et le Choix de poésies de Paul Fort[5].
Bien amicalement

P. Claudel

---

1   Claudel a regagné Tokyo en janvier 1926 et y séjourne tout au long de l'année avant d'être nommé ambassadeur à Washington.
2   Il s'agit de «La Catastrophe d'Igitur» daté de [Tokyo, avril 1926] et publié à La N.R.F. en novembre 1926. Voir Pr, 508.
3   Il s'agit sans doute de Charmes (voir la lettre n° 14) dont l'achevé d'imprimer date du 10 février 1926. Une première édition des poèmes du recueil avait paru aux éditions de la N.R.F. sous le titre Odes le 3 juillet 1920 et avait été rééditée le 25 juin 1922 sous le titre Charmes ou Poèmes par Paul Valéry. Si cette conférence a eu lieu, elle n'a pas été publiée et Claudel n'y fait aucune allusion dans son Journal.
4   Paul Valéry (1871-1945). Claudel fait des allusions nombreuses et très diverses à Paul Valéry dans son Journal (J. I, 507, 744, J. II, 5, 361, 410, 544; voir aussi J. II, 935: lors de sa première candidature à l'Académie Française en mars 1935, Claudel eut les voix de Mauriac, Valéry, etc.), mais aussi dans Positions et Propositions (Pr, 12) et dans Conversations, Le Poète et le Shamisen (Pr, 824-825). Claudel apprécie de façon mitigée l'œuvre de Valéry, goûtant peu le Cimetière marin (J. II, 835: «On dit que le Cimetière marin est un chef-d'œuvre. Oui, comme les chefs-d'œuvre du compagnonnage. Quelq[ue] chose de dur, sec, sans vibration, sans âme. Une mosaïque métallique dont les morceaux sont vissés, enfoncés l'un dans l'autre à

23

coups de marteau.»), davantage ses poésies, critiquant surtout son œuvre théorique. Il écrit ainsi dans *J'aime la Bible*, chapitre V intitulé «L'Esprit de prophétie»: «En littérature, la prédominance de la cause efficiente a inspiré la théorie de l'art pour l'art. […] Toute l'œuvre théorique de Paul Valéry est consacrée à promouvoir cette insanité, que l'œuvre de ce beau poète est là heureusement pour contredire» (*O.C.* XXI, p. 402). Cependant dans une réponse à une enquête sur la littérature qui parut dans le *Figaro littéraire* en octobre 1940, Claudel s'exprime ainsi: «Il n'y a pas d'époque qui ne puisse être fière de poètes tels que Francis Jammes, Paul Valéry, […]» (*Pr*, 1489). Le Centre Jacques-Petit détient huit lettres de Claudel à Valéry écrites entre 1919 et 1944 et douze lettres de Valéry à Claudel écrites entre 1903 et 1944.

5   Paul Fort (1872-1960). Il n'a pas été possible de retrouver le recueil dont il s'agit. Le Centre Jacques-Petit détient une seule lettre de Paul Fort à Paul Claudel datée du 18 juin 1905. Il n'y a aucune allusion à Paul Fort dans les *Œuvres en prose* ni dans le *Journal*.

24

10. P. Claudel à J. Paulhan

Kôbé 4 mai 1926

Cher Monsieur[1]

Dans «La Catastrophe d'Igitur» q[ue] je v[ous] ai envoyée
après
«… ne sont plus il faut bien l'avouer que des bibelots poussiéreux»
ajouter en note [1][2]

[1]   Le silence déjà funèbre d'une moire
Dispose plus qu'un pli seul sur le mobilier…[3]

Bien amicalement

P. C.

---

1   Il s'agit d'une carte postale japonaise représentant la Tour et le Senjokaku de Kôbe. Kôbe est située dans le sud-ouest de l'île de Honshu, près de la baie d'Osaka, au sud de Kyoto. Claudel s'y est rendu de nombreuses fois entre 1921 et 1926 (*J.* I, 531, 538, 584, 612, 631, 650, 710, 715 et 732-733).

2   La note a bien été ajoutée dans le numéro de *La N.R.F.* de novembre 1926 (p. 534), mais une erreur y fut introduite: «Dispose plus d'un pli sur le mobilier…». La faute n'a pas été reprise dans *Pr*, 511.

3   Il s'agit des deux premiers vers du sonnet de Mallarmé intitulé «Hommage» inséré dans le recueil *Hommages et Tombeaux* et publié pour la première fois en 1886 dans la *Revue wagnérienne* sous le titre «Hommage à Wagner»; voir Mallarmé, *Œuvres complètes*, édition présentée, établie et annotée par Bertrand Marchal, Bibliothèque de la Pléiade, Gallimard, 1998, tome I, pp. 39, 99 et 1197.

11. J. Paulhan à P. Claudel

le 28 mai 1926

Cher Paul Claudel, cher Maître[1],

je vous remercie de nous donner la *Catastrophe d'Igitur*. Elle ne me ravit pas seulement parce qu'elle est de vous, mais parce qu'elle me semble absolument et profondément vraie. Sans doute n'a-t-il manqué[2] à Mallarmé que de s'apercevoir que tout langage suppose une chose – et que si on la lui retire, il est condamné à[3] tirer de lui-même, de certains accidents des signes qui le composent, l'apparence et l'illusion de cette chose[4]. Tel était le sentiment, presque angoissant, où[5] me laissait la lecture d'*Igitur*.

(c'est cette fabrication de choses par le langage – où il est privé de véritables sujets – dont je tâche de commencer à montrer[6] un aspect dans l'expérience que je me permets de joindre aux deux livres de Valéry et de Paul Fort, et que je vous serais infiniment reconnaissant de lire[7])

*

Il est vrai d'ailleurs que, pour moi, l'écriture extérieure dont vous parlez, m'est seule à peu près familière[8], que je reconnais plutôt la nécessité

---

1 Il s'agit du brouillon d'une lettre inachevée de Jean Paulhan conservé dans les archives de ce dernier, lettre que Claudel reçut très certainement. Voir *infra*, note 11, et la lettre suivante du 26 juin 1926 où Claudel s'inquiète de ne pas voir «annoncé dans *La N.R.F.* le morceau sur *Hang tcheou*».
2 Jean Paulhan avait d'abord écrit: «Il n'a manqué à Mallarmé». La correction est apportée dans l'interligne supérieur.
3 «il est condamné à» a été ajouté dans l'interligne supérieur.
4 Jean Paulhan avait d'abord écrit «l'illusion des choses dont il est privé». La phrase suivante a été ajoutée en appel après la première partie de la lettre.
5 «où» vient en remplacement de «que».
6 «commencer à» a été ajouté dans l'interligne inférieur; «saisir» est écrit dans l'interligne supérieur au-dessus de «montrer».
7 Il s'agit très vraisemblablement de *Expérience du proverbe*, voir lettre n° 14, note 5.
8 «à peu près» a été ajouté dans l'interligne supérieur.

logique[9] d'une écriture intérieure que je ne la prévois et ne l'éprouve par avance et – pour dire les choses clairement – que la foi chrétienne ne m'est encore sensible que pour ses traits à son tour[10] de langage, plutôt que de chose et de raison d'être.

*

Hang tchéou paraît en tête de notre prochain numéro[11]. J'ai été très touché de voir que vous ne nous abandonniez pas – et il est bien vrai que nous avons besoin de vous.

Henri Rambaud[12] me promet cette fois formellement pour le 1er Août son étude sur vous[13] et je vous la soumettrai aussitôt. Il s'excuse de son retard sur la difficulté – inattendue, dit-il – que lui ont présentée certaines parties de votre œuvre qu'il croyait posséder déjà.

*

La lettre de Madame Rivière[14], que vous avez pu lire dans notre numéro de Mai m'a fait une vive peine. Mme Rivière s'est entièrement méprise

---

9   «logique» a été ajouté dans la marge.

10 «à son tour» a été ajouté en appel à droite.

11 «Hangtcheou», daté du 22 février 1926, paraît en effet en tête du numéro de juin 1926. Il est repris dans *Pr*, 1185.

12 Henri Rambaud (1899-1974), critique, écrivit, en collaboration avec Pierre Varillon, une *Enquête sur les maîtres de la jeune littérature* (1923). Il a publié dans *La N.R.F.* d'avril 1926 un article sur *Feuilles de Saints* et, dans le numéro de mars 1929, un autre sur *Positions et Propositions* I. En janvier 1934, il fit, à Gand, une conférence sur l'œuvre de Claudel (*J.* II, 49). Il est également l'auteur de *L'Envers du Journal de Gide* (1951). On lui doit aussi des éditions de Stendhal, La Rochefoucauld, Corneille.

13 «vous» remplace «votre œuvre» barré.

14 Dans le numéro de mai 1926 paraît en effet une lettre non datée d'Isabelle Rivière, introduite par ces quelques lignes: «… Voici la lettre que Madame Isabelle Rivière nous adresse, en réponse aux notes de Jean Schlumberger et de Jean Paulhan». Celle-ci s'ouvre sur cette formule: «Il y a, paraît-il, une querelle Jacques Rivière». Il est vrai qu'après la mort de son mari, une polémique opposa d'une part, ceux qui, se rangeant du côté d'Isabelle, étaient convaincus que Jacques Rivière était mort en chrétien, et d'autre part, ceux qui, évoquant la vie désordonnée des dernières années du directeur de *La N.R.F.*, contredirent ces affirmations. Selon Jean Lacouture, certains de ses amis «prétendaient tirer argument de l'existence quelque peu dissolue menée en ces temps-là par Jacques Rivière, ou de propos cyniques tenus alors par lui

sur le sens de mes notes[15]: c'est à Gonzague Truc[16] seul[17] que j'en avais dans la seconde de ces deux notes[18]. Mme Rivière est exactement la seule personne qui ait le droit de parler d'une *Aimée*[19] écrite en captivité

---

pour le dire en rupture radicale avec la religion de sa jeunesse» (*Une adolescence du siècle. Jacques Rivière et la «N.R.F.»*, Gallimard, 1994, p. 914). Isabelle Rivière s'adresse à ces derniers pour défendre la mémoire de son mari: «Quand vous prouveriez l'impiété de la vie de Jacques, vous ne supprimeriez pas sa confession miraculeusement consciente, ni cette ardente volonté de proclamer la vérité de Dieu qui s'est fait jour dans toutes ses dernières paroles. – Quand vous prouveriez qu'il a péché – comme on s'efforce de le faire avec un si extraordinaire, et d'ailleurs si vain acharnement, comme s'il y avait là chez lui une lacune qu'il faille à tout prix combler – que prouveriez-vous, sinon qu'il était un homme, et que la dernière épreuve: la mort, n'avait pas encore achevé sa purification? Prouveriez-vous par là qu'il ne croyait plus en Dieu? Parce qu'on transgresse le commandement du Père, nie-t-on son existence? Et le mot: chrétien a-t-il jamais voulu dire: infaillible?» (*N.R.F.*, mai 1926, p. 608). Par ailleurs, Isabelle Rivière justifie le choix qu'elle a effectué dans l'ordre de publication des œuvres inédites de son mari: «Si j'ai publié d'abord *A la trace de Dieu*, c'est en effet – je ne le nie pas – parce que je trouvais que c'était là le plus important à publier d'abord, justement parce que le plus inédit, le plus insoupçonné, ce qui révélait la vérité la plus constante de l'âme de Jacques, son fonds le plus soigneusement caché, et répondait à la seule question qui pour moi compte en ce monde. J'ai publié *tout* ce qu'il avait écrit pour l'Apologétique; j'ai pris dans les Carnets de Captivité *tout* ce qui touchait à la question religieuse» (*ibid.*, p. 606).

15 «deux» a été barré dans l'expression «mes deux notes».

16 Nous n'avons pas retrouvé l'article auquel Jean Paulhan fait allusion. Gonzague Truc, essayiste, né en 1877, est l'auteur d'un *Paul Claudel* (Editions de la Nouvelle Revue Critique, 1925), dans lequel il évoque les relations de Paul Claudel avec Jacques Rivière; il écrit que ce dernier «trouvait bien au fond de sa conscience l'adversaire de Dieu» (*op. cit.*, p. 83). De son côté, Isabelle Rivière reprochait à Gonzague Truc de n'avoir «pas vérifié de très près la chronologie de ces diverses œuvres» (*N.R.F.*, mai 1926, p. 604).

17 «seul» a été ajouté dans l'interligne supérieur; de plus le syntagme qui faisait suite «et à une sotte remarque de Gonzague Truc» a été barré.

18 «dans la seconde de ces deux notes» a été ajouté dans l'interligne supérieur. Ces «deux notes» ont paru respectivement dans *La N.R.F.*, mars 1925, n° 138, pp. 257-259: «Jacques Rivière» (repris dans Jean Paulhan, *Œuvres* IV, p. 151) et mars 1926, n° 150, p. 344: «L'anniversaire de la mort de Jacques Rivière» (repris dans Jean Paulhan, *op. cit.*, pp. 156-158).

19 *Aimée*, publié chez Gallimard en 1922, retrace les épisodes de la liaison, toute imprégnée de chasteté, de l'auteur avec Yvonne Gallimard. Dans son étude, Jean Lacouture observe qu'aucun scandale ne s'est produit suite à «l'évocation transpa-

qu'elle est la seule à connaître[20]. Je n'ai jamais songé certes à lui contester ce droit. Mais quand Monsieur Truc cite *Aimée*, il ne peut citer que l'*Aimée*-livre, l'*Aimée* refaite, récrite par Rivière de 1920 à 1922 et quand il ajoute que Rivière a fait de grands progrès entre *Aimée* et *A la Trace de Dieu*[21], il dit une sottise, qu'il faut bien relever. Quant à la *correspondance* j'avais suffisamment marqué il me semble avec quelle «joie et quelle reconnaissance» je l'avais, pour moi, accueillie.

Sur tous ces points, sur d'autres encore[22], nous aurions pu répondre[23]. Nous avons des lettres de Jacques qui établiront qu'il s'est tenu pour incroyant de 1919 à 1925, qu'il a «refait entièrement» *Aimée* avant de la publier. Il me semble que vous devez, malgré tout, nous approuver de

---

rente aux yeux des gens informés des amours entre le directeur d'une revue et l'épouse de son administrateur, et du comportement de celui-ci, dont le portrait, sous les espèces de ‹Georges›, était fort transparent» (*op. cit.*, p. 700). A propos d'*Aimée*, Isabelle Rivière écrivait dans sa lettre à *La N.R.F.* que ce roman «a été entièrement composé et écrit en captivité» c'est-à-dire entre 1914 et 1916 (*ibid.*, p. 604). Dans *La N.R.F.* du 1ᵉʳ mars 1925, Jean Paulhan écrivait à propos de ce roman: «*Aimée* tient son existence d'un drame moral: elle est d'abord l'histoire d'une faute, qui n'est pas commise. Or Jacques Rivière s'efforce de le défigurer: qu'elle soit la seule description minutieuse d'un amour, d'un désir. (Analyse merveilleuse certes, mais qui parfois saute un terme: où l'on voit reparaître les traits de la faute. Aussi bien le drame véritable, extérieur, d'*Aimée* est-il sans doute ici, un peu en deçà du point où le situait Jacques Rivière.)» (cité dans *Jean Paulhan, La vie est pleine de choses redoutables*, Textes autobiographiques, «Pour mémoire», Seghers, édition établie et annotée par Claire Paulhan, 1989, p. 338).

20 «qu'elle est la seule à connaître» a été ajouté dans l'interligne inférieur.

21 *A la trace de Dieu* avait été publié chez Gallimard en 1925. Paul Claudel en avait rédigé la préface, datée de juin 1925, qui parut dans *Le Correspondant* le 25 septembre 1925. A la date d'avril 1925, Claudel note dans son *Journal*: «Lu à Solesmes les 3 essais de Rivière écrits en captivité. Extrêmement remarquables» (*J.* I, 671). Méditation profonde sur le catholicisme ainsi que sur la foi de l'auteur, cette étude couvre la période de 1907, date du «premier appel», à Noël 1913, jour de la conversion de Jacques Rivière. Elle aurait été, comme *Aimée*, entièrement écrite en captivité (voir *supra*, note 19; voir aussi Jacques Rivière et Paul Claudel, *Correspondance*, Plon, 1926, introduction d'Isabelle Rivière, p. 13. Il s'agit en réalité de textes tirés des *Carnets* de Jacques Rivière et publiés par Isabelle Rivière sous le titre *A la trace de Dieu*. Voir lettre n° 13, note 9.

22 «sur d'autres encore» a été ajouté dans l'interligne supérieur.

23 «nous aurions pu» remplace en surcharge «j'aurais pu»; de même à la ligne suivante, «nous avons» remplace «j'ai».

n'avoir pas cherché à prolonger aujourd'hui une querelle détestable. Je voudrais d'autre part qu'il ne v[ou]s parût pas admissible de confondre exact[emen]t comme le fait Madame Rivière incroyance et perversité[24]

*

je vous prie d'être sûr de mes sentiments de grande et respectueuse & confiante[25] affection

J. P.

---

24 L'ensemble de cette phrase a été ajouté en appel à la fin de la lettre. Jean Paulhan avait d'abord écrit: «vous semble-t-il d'autre part admissible...».
25 «& confiante» a été ajouté dans l'interligne inférieur.

12. P. Claudel à J. Paulhan

Ambassade de France
au Japon

Tokyo, le 26 Juin 1926

Mon cher Paulhan

Je ne vois pas annoncé dans la *N.R.F.* le morceau sur *Hang tcheou* que je vous avais envoyé[1]. L'avez-vous reçu? Vous seriez bien aimable de me l'indiquer

J'avais prié également Gallimard de m'envoyer par la valise:

1° un recueil des poésies de Paul Valéry auquel je voudrais consacrer une conférence au mois d'octobre[2];

2° cinq ou six exemplaires des *Morceaux Choisis* et 2 ou trois des *Feuilles de Saints* et des *Poëmes de Guerre*[3].

Je n'ai rien reçu, ni aucune réponse. Je vous serais reconnaissant si v[ous] pouviez me faire faire ces envois le plus tôt possible.

Bien amicalement vôtre

P. Claudel

---

1 Voir la lettre précédente, note 11. Claudel n'a manifestement pas encore reçu le numéro de *La N.R.F.* de juin 1926.

2 Voir la lettre n° 9.

3 Le recueil *Poëmes de guerre* a été publié chez Gallimard en 1922 et *Morceaux choisis* comme *Feuilles de saints* chez Gallimard en 1925.

13. P. Claudel à J. Paulhan

Ambassade de France
au Japon

Tokyo, le 29 juin 1926

Mon cher Paulhan

Je n'ai décidément pas de chance avec la *N.R.F.*! Malgré le soin avec lequel j'avais revu la dactylographie de «Hang tcheou» je trouve encore une erreur dans votre texte

Suppositions

au lieu de

Superpositions

qu'il faudrait – Puis-je vous demander un *erratum*[1]?

– Je n'ai pas encore reçu les volumes que vous m'annoncez – En ce qui concerne Madame Rivière tout ce que je peux dire est que je trouve sa lettre belle, noble et émouvante[2]. Sur le fond du débat je ne sais rien de direct. R[ivière] avait complètement cessé de m'écrire[3] et j'avoue que la manière dont il dirigeait la *N.R.F.*, les immondices sans nom du genre des petites histoires d'Aragon[4], qu'il y laissait publier, constitue le meilleur argument en faveur de votre thèse. Je ne la crois pas cependant complètement vraie. Comme dit Michelet «entre la Foi et l'incroyance il

---

1 On lit effectivement «suppositions» dans *La N.R.F.* de juin 1926. Il n'y a pas d'*erratum* dans les numéros suivants. La faute est corrigée dans *Pr*, 1185.

2 Voir la lettre n° 11 et les notes.

3 La première partie de la correspondance Claudel-Rivière (23 janvier 1907 – 5 janvier 1914) a été publiée chez Plon en 1926. L'ensemble de la correspondance (23 janvier 1907 – 9 novembre 1924) est publié dans le *Cahier Paul Claudel*, n° 12, *op. cit.* Dans cette dernière publication, à partir de janvier 1914, on ne relève sur un total de 47 lettres que 3 lettres de Jacques Rivière à Claudel (20 mars 1914, 1er octobre 1922 et 15 avril 1923). Voir cependant la lettre de Claudel à Jacques Rivière en annexe.

4 Voir la lettre n° 2.

y a bien des degrés»[5]. Ne serait-ce qu'au point de vue littéraire, il me paraît invraisemblable qu'un fonds de réflexions aussi important et aussi original que celui d'où est sorti «A la trace de Dieu» se laissât enterrer pour toujours. Cela était destiné à ressortir d'une manière ou de l'autre et en attendant J[acques] R[ivière] tourné vers d'autres curiosités plus immédiates oubliait ce créancier qu'il était sûr de retrouver avec la mort. La Correspondance, vue du seul point de vue psychologique, est tout de même un document curieux. Ce que je reproche à Schlumberger[6] est

---

5 Nous n'avons pas retrouvé la référence de cette citation. Nous savons que Claudel a lu l'*Histoire de la Révolution française* de Michelet (*Catalogue de la bibliothèque de Paul Claudel*, Annales littéraires de l'Université de Besançon, 1979, p. 112). Ce dernier fait partie des ennemis intimes de Claudel autant que de ceux qu'il admire. Ainsi dans le *Magnificat* (1907): «Restez avec moi, Seigneur, parce que le soir approche et ne m'abandonnez pas! / Ne me perdez point avec les Voltaire, et les Renan, et les Michelet, et les Hugo, et tous les autres infâmes!» (*Po*, 261). Moins agressif est ce jugement porté dans la lettre du 10 novembre 1941 à Louis Gillet: «Vous avez peut-être lu l'étonnant traité de saint Thomas sur les Anges qui avait frappé de stupeur l'incrédule Michelet, et qu'il comparait à la divination logique d'un Cuvier inférant de l'ossement d'un animal disparu à toute une anatomie reconstituée» (*O.C. XX*, 429). En revanche, lorsque Claudel s'attache, non aux idées, mais à l'écriture, le ton est tout autre; cette attitude est particulièrement perceptible dans *Réflexions et propositions sur le vers français*: «Les grands *poètes français*, les grands créateurs [...] s'appellent Rabelais, Pascal, Bossuet, Saint-Simon, Chateaubriand, Honoré de Balzac, Michelet» (*Pr*, 43-44) et dans «Victor Hugo» (1935): «le plus vivant et le plus intéressant de tous nos trouvères ou trouveurs, notre grand Michelet» (*Pr*, 469).

6 Dans le numéro de *La N.R.F.* d'avril 1926, à la rubrique «Notes», Jean Schlumberger signalait une étude de deux pages sur la «Correspondance de Jacques Rivière et Paul Claudel» (pp. 481-483). Le compte rendu consiste essentiellement à dégager un portrait de Jacques Rivière et à en faire émerger les contradictions. Il souligne combien on insiste depuis sa mort sur les préoccupations religieuses qui l'ont animé entre 1907 et 1917 sans suffisamment tenir compte de la ligne éditoriale qu'il a donnée à la revue, d'ordre tout différent, au point d'éloigner même certains collaborateurs catholiques. Les témoignages de l'âge viril devraient venir compléter aux yeux du critique ceux de la jeunesse. Rappelons que Jean Schlumberger (1877-1968) fonda en février 1909, avec André Gide, Jacques Copeau, André Ruyters, Henri Ghéon et Michel Arnaud, *La Nouvelle Revue Française*; il fut, avec André Gide et Gaston Gallimard, à l'origine de la société des Editions de la N.R.F. fondée par contrat en date du 31 mai 1911. La correspondance Rivière-Schlumberger est publiée: *Correspondance 1909-1925*, édition établie, présentée et annotée par Jean-

d'avoir perdu sa sérénité de critique pour en parler et au lieu d'étudier le livre[7], d'avoir fait ce qu'il reproche précisément à Madame R[ivière], c['est]-à-d[ire] d'avoir porté un jugement sur la conscience de notre ami, chose pour laquelle il avait tout de même et quoi qu'il en pense moins de moyens que sa veuve. Il s'est lancé ainsi dans des discussions personnelles pénibles, pour ne pas dire odieuses, et dont il a rapidement compris comme vous qu'il ne pouvait pas les pousser à bout. En admettant que J[acques] R[ivière] ait changé, ou ait eu l'air de changer de convictions, tout de même ces deux livres sont là qu'il ne pouvait effacer et qui constituent malgré tout sa relique la plus intéressante et la plus significative, ce qui reste de lui[8] de plus substantiel. «Aimée» et sans doute «Florence»[9] sont des choses bien particulières et bien minces,

---

Pierre Cap, Lyon, Centre d'études gidiennes, 1980; il existe aussi une correspondance inédite Claudel-Schlumberger (une trentaine de lettres).

7   Claudel avait d'abord écrit «fond» qui est barré; «livre» apparaît dans l'interligne supérieur.

8   «de lui» a été ajouté dans l'interligne supérieur.

9   *Florence* est un roman inachevé et inédit à la mort de Jacques Rivière en 1925; il sera publié chez Corréa en 1935 avec une préface d'Isabelle Rivière. Dans l'article d'Hommage paru dans *La N.R.F.* d'avril 1925, Jean Paulhan écrivait: «Le roman qu'il [Jacques Rivière] a dû achever avant de mourir avait pour sujet la rencontre de Florence et de Pierre, leurs amours, la reprise de Florence par un ancien amant, la jalousie» (p. 535). Isabelle Rivière justifie le retard apporté à la publication de ce roman donné «après tout le reste»; elle n'a fait en cela que répondre au souhait de son mari: «Il a défendu à son lit de mort qu'on le jugeât *moralement* sur *Florence*» (*N.R.F.*, mai 1926, p. 607). Jean Lacouture décrit ainsi les amours charnelles des deux héros: «Il s'agit d'un jeune homme qui rencontre au bord de la mer une très belle jeune femme, Florence, mariée à un homme quasi invisible et qui a des amants, ce dont il ne s'aperçoit que peu à peu: elle en distille la révélation avec une sorte de ravissement. Il tente de la faire renoncer à ces liaisons, ne parvient qu'à provoquer de nouveaux aveux, et la quitte» (*op. cit.*, p. 722). Voir aussi à ce sujet la lettre de Jean Paulhan à André Gide du 27 février 1926: «Voici un peu plus d'un an que Jacques est mort. Ce n'est qu'aujourd'hui qu'Isabelle Rivière promet de nous donner *Florence*. Sans que personne l'ait jamais nettement exprimée, la singulière légende de Jacques écrivant, pour se guérir d'*Aimée*, un traité d'apologétique chrétienne, s'est répandue, affermie. Malgré Mauriac, qui a écrit sur Jacques une étude intelligente et juste. C'est à Jean Schlumberger que j'ai demandé de parler, dans *La N.R.F.*, de la *correspondance* avec Claudel.» (Paulhan-Gide, *Correspondance, 1918-1951*, édition établie et annotée par Frédéric Grover et Pierrette Schartenberg-Winter, Cahiers Jean Paulhan n° 9, Gallimard, 1998, p. 45).

et l'œuvre critique est quelque chose de trop dispersé et de trop contingent. La «Correspondance» est intéressante en ce qu'elle montre le mouvement de spirale qui était l'allure naturelle de Rivière, constamment s'éloignant d'une idée, mais aussi ne la lâchant jamais, et ne s'en éloignant que pour s'en rapprocher. Il n'a jamais abandonné une seule de ses idées, pourquoi l'idée chrétienne ferait-elle seule exception? – Je vous enverrai peut-être bientôt un autre essai japonais[10].

Je vous serre très cordialement la main

P. Claudel

---

10 Il s'agit de poèmes qui constitueront *L'Oiseau noir dans le soleil levant* (voir lettre n° 16).

14. P. Claudel à J. Paulhan

Ambassade de France
au Japon

Chuzenji[1], le 3 sept[embre] 1926

Mon cher Paulhan

Voici l'épreuve[2]. Comme vous voyez il y a pas mal de fautes dont quelques-unes très graves. J'espère que mes corrections arriveront à temps, car il n'y a rien de plus désagréable qu'une coquille surtout quand elle a l'air plausible! J'ai une longue expérience à ce sujet.

J'ai bien reçu «Charmes»[3] et aussi les «M[orceaux] Ch[oisis]» de Paul Fort[4], (si j'ose dire). Egalement votre «Proverbe»[5] qui m'a bien vivement intéressé (le vers et le proverbe ont une autorité apparentée, comme le prouve celle encore aujourd'hui de Molière et du législateur de notre Parnasse[6], malgré les plus évidentes âneries). Mais j'avais d[eman]dé aussi 3 ex. des M[orceaux] Ch[oisis] (les miens cette fois[7]!) et 3 des *Feuilles des Saints*. Ils ne me sont jamais parvenus.

---

1 Le nom imprimé de «Tokyo» a été barré et remplacé dans l'interligne supérieur par «Chuzenji». Chuzenji est proche de Nikko qui se trouve à 150 km environ au nord de Tokyo; c'est un lieu de villégiature, où l'ambassade de France, comme plusieurs autres ambassades, possédait une villa. Claudel s'y rend souvent en été. Il s'y trouve début septembre 1926 (*J.* I, 731).

2 Il s'agit de l'épreuve du texte intitulé «Les Heures du Foyer», daté de Tokyo, 13 juin 1926, paru dans *La N.R.F.* du 1er octobre 1926, repris dans *Positions et Propositions I, O.C.* XV, p. 123. Ce texte fut écrit à propos du livre d'Henriette Charasson, *Les Heures du Foyer*, Flammarion, 1926.

3 Paul Valéry, *Charmes*, Paris, Gallimard, 1926: un exemplaire se trouve à la bibliothèque de Brangues daté «1926» et signé par Claudel.

4 Voir la lettre n° 9, note 5.

5 Il s'agit sans doute d'un tiré-à-part de *Expérience du proverbe* publié dans la revue *Commerce* n° V (été 1925), repris dans les *Œuvres* de Jean Paulhan, II, éd. Tchou, 1966-1970, pp. 101-124. Voir lettre n° 11.

6 Claudel fait sans doute ici allusion à Boileau.

7 Voir lettre n° 12, note 3.

Je vous enverrai prochainement quelques croquis japonais
Affectueusement vôtre

P. Claudel

15. P. Claudel à J. Paulhan

Ambassade de France
au Japon

Tokyo, le 12 sept[embre] 1926

Mon cher Paulhan

Je vous envoie deux petites peintures japonaises[1]. J'aimerais pouvoir corriger moi-même les épreuves.

Adressez-moi ici directement, pas à Paris, mon service de la *N.R.F.* Depuis mon retour je ne reçois plus la revue

Bien amicalement

P. Claudel

---

1   Voir la lettre suivante.

16. P. Claudel à J. Paulhan

Ambassade de France
au Japon

Tokyo, le 27 déc[embre] 1926

Cher Paulhan

«La Catastrophe d'Igitur» Bravo! il n'y a plus qu'une faute
… dispose plus d'un pli[1]
au lieu de
… dispose plus qu'un pli
Ci-joint les épreuves corrigées de
«L'Arrière-Pays»
«Mies»[2]
et 2 nouveaux poëmes q[ue] v[ous] pouvez insérer:
«La Maison du Pont-des-Faisans»
«L'Abîme solaire»[3]
le premier et le dernier de mon nouveau livre
Envoyer les épreuves à Washington[4]
Bien amicalement

P. Claudel

---

1 Voir la lettre n° 10.
2 «L'Arrière-pays» et «Mies» ont été publiés dans le numéro d'avril 1927 de *La N.R.F.* Les textes, qui figurent sur un même manuscrit, sont datés d'août 1926 (*Pr*, 1192 et 1195 et notes pp. 1554-1555).
3 «La Maison du Pont-des-Faisans» et «L'Abîme solaire», datés de novembre 1926, ont été publiés dans le numéro de juillet 1927 de *La N.R.F.* Ces deux textes ainsi que «L'Arrière-pays» et «Mies» ont été par la suite repris dans *L'Oiseau noir dans le soleil levant.* (Voir *Pr*, 1192, 1195, 1198 et 1199.)
4 Claudel vient d'y être nommé ambassadeur. Il y restera de mars 1927 (*J*. I, 763-765) à avril 1933 (*J*. II, 15).

17. J. Paulhan à P. Claudel

N.R.F.

Paris, 3, rue de Grenelle (VI°)

le 20 juin [1927]¹

Cher Maître

je suis assez vivement peiné par la lettre de vous, que me prête Gaston Gallimard². Elle me semble injuste. J'ai pu vous exprimer maladroitement une confiance et une admiration, que je n'ai jamais cessé d'éprouver pour votre œuvre et pour vous. Je m'assure du moins ~~de n'avoir~~ que je n'ai manqué à aucun des devoirs, que m'imposaient cette admiration et cette confiance. Depuis que je suis rédacteur en chef de la *N.R.F.*, elle n'a négligé aucun de vos ouvrages; c'est à propos du premier acte du *Soulier de satin* qu'elle a écrit que vous étiez «le plus grand poète que nous ayons aujourd'hui»³. Quant à l'étude sur vous – dont vous ~~savez~~ avez su qu'elle ~~a été~~ était, dès avril 1925, l'une de mes ~~premières~~ principales préoccupations sinon la première de toutes devez-vous me ~~rendre responsable~~ tenir rigueur des hésitations, des retours, des repentirs de Rambaud⁴? J'y ai vu la marque d'une honnêteté et d'un scrupule que j'ai pu trouver dans cette circonstance insupportables, mais que j'estimais

---

1   Cette lettre a déjà été publiée dans Paul Claudel – Gaston Gallimard, *Correspondance 1911-1954*, édition établie, présentée et annotée par Bernard Delvaille, Gallimard, 1995, p. 326. Il s'agit d'un brouillon de lettre. L'indication de l'année 1927 a été ajoutée après coup, de même que la mention [à Paul Claudel], sans doute de la main de Jean Paulhan.

2   Cette lettre de Claudel ne figure pas dans la *Correspondance Claudel – Gallimard*, *op. cit.*, mais on peut y lire la réponse de Gaston Gallimard à Claudel datée du 20 juin 1927 (pp. 323-326). Ici, lettre n° 17 bis). Plus tard, dans les conversations avec Jean Amrouche, Claudel reproche encore à *La N.R.F.* de lui avoir consacré trop peu d'études.

3   La référence de ce propos n'a pu être trouvée.

4   «sinon la première de toutes» a été ajouté dans l'interligne supérieur. – Pour Rambaud, voir la lettre n° 11.

déjà chez lui[5] et que je continue à estimer. Au surplus les pass[ages] que j'ai déjà lus m'ont semblé excellents. Ramb[aud] me promet cette fois[6] formellement son article pour le 1ᵉʳ Juillet. Je n'ai pas de raison de douter de sa parole. Je v[ou]s assure que v[ou]s n'en avez point de douter de notre admir[ation] et de notre fidélité

J. P.

---

5   «que j'estimais déjà chez lui» placé d'abord après «scrupule» a été déplacé après «insupportables».
6   «cette fois» a été ajouté dans l'interligne inférieur.

46

17 bis. G. Gallimard à P. Claudel[1]

20.6.[19]27

Cher Monsieur et ami,

Votre lettre que je reçois à l'instant me surprend et me peine. Je m'étonne que vous sentiez dans ma maison un manque d'intérêt qui va jusqu'à l'hostilité? Je vous avoue que je ne vois pas ce qui a pu justifier cette impression de votre part. Je me suis toujours appliqué à vous satisfaire. Je ne me souviens pas m'être opposé une fois à vos désirs. Chacune des éditions de vos ouvrages a été faite sur vos indications et je n'ai pas hésité à faire les sacrifices nécessaires. Je n'en veux pour preuve que cette réimpression de Protée avec «L'Ours et la Lune», alors qu'il y a encore en magasin un nombre important d'exemplaires de ce dernier ouvrage qui me resteront maintenant pour compte. Et j'ajoute que je n'étais pas partisan de ces plaquettes en grand format que vous souhaitiez, connaissant la résistance du public et des libraires à cette sorte d'édition. Or vous savez que les Choéphores, La Messe là-bas, l'Ours et la lune etc. malgré tout publicité, prospectus, rappels, indications à mes voyageurs n'ont pu être écoulés. Je n'ai pourtant eu aucun regret de ce préjudice car je croyais que vous étiez satisfait de moi.

En ce qui concerne le «Soulier de Satin», ne suis-je pas entré tout de suite dans vos vues? Peut-être ne vous rendez-vous pas compte des frais que j'ai engagés et de la peine qui a été prise pour l'établissement de la première maquette qui restera inutilisée.

Il a suffi que vous envisagiez un autre projet d'une exécution plus rapide pour que je m'emploie aussitôt à vous soumettre une autre maquette. Roger Allard a dû vous dire que je lui avais donné l'ordre formel de ne rien décider dans le détail qui n'ait votre adhésion. Il en sera ainsi pour le choix des titres.

Vraiment je trouve vos reproches injustes.

---

1   Voir lettre n° 17, note 1.

En ce qui concerne la revue, vous savez bien que Jacques Rivière vous était tout dévoué, comme Paulhan l'est aujourd'hui. Je sais que depuis un an il veut avoir une étude sur votre œuvre, mais encore faut-il qu'elle soit bonne et digne de vous.

Je vous demande de croire à notre bonne volonté à tous. Je croyais que vous n'aviez aucune arrière-pensée. Et si vous m'aviez dit d'autre part vos griefs, de vive voix, je vous aurais bien mieux répondu et je vous aurais cité bien des faits qui vous auraient prouvé que je n'ai jamais cessé d'être préoccupé avant tout de vos sentiments à notre égard.

Aujourd'hui encore je voudrais répondre favorablement à vos demandes mais il m'est impossible de souscrire à cette réduction de pourcentage qui revient à la N.R.F. sur les éditions de luxe parues hors de la Maison. Déjà le pourcentage de 20% est très inférieur à celui que nous percevons sur les ouvrages de tous autres auteurs: Gide lui-même nous verse 50% de ce qu'il reçoit. C'est d'ailleurs l'usage.

Je ne vois pas en quoi les propositions que je vous ai faites sont contraires à nos arrangements puisque en vertu de l'article VI de notre contrat, la N.R.F. a un droit de priorité sur les éditions de luxe de vos ouvrages toutes conditions égales et que je vous offre plus que Blaizot. Il est d'ailleurs d'usage que pour les éditions de luxe à tirage limité, l'éditeur calcule son prix de revient en partant de sommes forfaitaires. Il est à peu près impossible de procéder autrement.

N'est-ce pas ainsi que Blaizot a agi avec vous et vous l'avez accepté. Pourquoi seriez-vous plus dur avec moi qui me soumet à vous entièrement pour cette édition du «Soulier de Satin» alors que vous recevrez effectivement moins de Blaizot et que son édition n'a pas votre agrément puisque vous m'aviez dit que vous ne vouliez pour rien au monde de Maurice Denis lorsque je vous ai parlé de cet artiste pour une édition de l'Annonce faite à Marie. Reconnaissez encore que je me suis incliné et que je suis allé aussitôt voir Bourdelle selon votre désir. Mais je ne veux pas vous faire perdre davantage votre temps.

Je prends note du titre exact de «Le Soulier de Satin».

Il est entendu que l'ouvrage paraîtra en quatre fascicules qui seront publiés à un ou deux mois de distance avec chacun un frontispice de Sert. Il est entendu que Roger Allard se mettra d'accord avec vous pour la composition typographique de la page de couverture.

48

Il est entendu que je vous verserai vingt mille francs de droits. Mais je puis très bien vous verser dix mille francs immédiatement et dix mille francs à la mise en vente de l'ouvrage si vous le préférez et si cela peut vous être agréable: ou plus tôt encore si vous le désirez. C'est à vous de décider ce que vous trouverez équitable. En tous cas je vous envoie tout de suite, les premiers dix mille francs.

Dès que j'aurai votre accord définitif pour les caractères je commencerai la composition. Roger Allard va aller voir Sert sans tarder et il ne dépendra que de lui que le premier fascicule paraisse bientôt.

Voulez-vous recevoir vos épreuves pour l'édition in-octavo de l'Annonce. Vous recevrez les épreuves de Protée avant la fin du mois. Mais je vous demande de me faire savoir si ces conditions vous conviennent et si vous ne gardez aucune arrière-pensée. Car je désire avant tout que vous sachiez la considération que nous avons pour vous. Personnellement j'ai une certaine pudeur à exprimer mes sentiments: tout de même je voudrais que vous sachiez que mon admiration pour vous date du premier jour où j'ai lu «L'Arbre» et il y a longtemps, et que je n'ai cessé de rester fidèlement votre dévoué

Gaston Gallimard

18. P. Claudel à J. Paulhan

80 rue de Passy

27 juin [19]27

Mon cher Paulhan

Il n'y avait rien dans ma dernière lettre qui vous concernât personnellement et je reconnais au contraire que depuis que vous en avez pris la direction la *N.R.F.* a été beaucoup plus amicale à mon égard. Cela n'empêche pas que dans le passé elle n'a jamais perdu une occasion de garder le silence sur mes œuvres ou sur moi, même quand, au moment des attaques de M. Pierre Lasserre[1], les occasions les plus tentantes lui étaient offertes d'enfreindre cette ligne de conduite.

Croyez, je vous prie, mon cher Paulhan, à mes sentiments les plus sincèrement dévoués

P. Claudel

---

1 Pierre Lasserre (1867-1930), critique littéraire. Il écrivait notamment dans *La Minerve française*. Son attachement aux doctrines nationalistes et maurrassiennes se révèle dans *La Morale de Nietzsche* (1902) et surtout dans sa thèse sur *Le Romantisme* (1907). Il se montre féroce envers Claudel, Jammes et Péguy dans *Les Chapelles littéraires* (Garnier, 1920-1921; le chapitre sur Claudel avait paru dans *La Minerve française* du 15 août 1919), mais fait preuve d'un plus grand libéralisme dans ses derniers ouvrages (*Cinquante ans de pensée française*, 1922 et *La Jeunesse d'Ernest Renan*, 1925). Claudel s'inspirera de Lasserre pour le personnage de Pedro de las Vegas, dans *Le Soulier de satin*, III, 2 (*Théâtre*, II, 793); voir à ce sujet *Mémoires improvisés*, Gallimard, 1954, pp. 178, 292-294 et *J.* II, 469; voir aussi la lettre inédite de Claudel à Jacques Rivière, datée du 8 octobre 1924, à propos d'une éventuelle publication du *Soulier de satin* à *La N.R.F.*: «Comme pseudonyme j'ai envie de prendre *P. de la Chapelle*, ce qui serait un hommage bien naturel rendu à M. Pierre Lasserre (lequel sous le nom du Dr Pedro de las Sierras [*sic*] occupe d'ailleurs une petite place dans ma 3ᵉ Journée).»; cette lettre est publiée en annexe à la fin du présent volume.

19. P. Claudel à J. Paulhan

Château de Brangues[1]
Morestel
Brangues
Isère

25 juillet 1927

Mon cher Paulhan

La *N.R.F.* avait autrefois l'habitude de me régler mes collaborations immédiatement au lieu de les reporter sur mon compte de fin d'année qui
est une chose toute différente. Je vous serais vivement reconnaissant de
reprendre cette pratique. En vous reportant à vos livres vous constaterez
que depuis près d'un an aucune de mes petites contributions n'a été
réglée.

Je vous serre amicalement la main

P. Claudel

---

1 Le 8 mai 1927, Claudel «achète le beau château de Brangues appartenant à M. de
Virieu, style Louis XIII, près du Rhône, dans l'Isère, arrondissement de La Tour-du-
Pin» (*J.* I, 769); le 16 juin il «signe l'acte d'achat au marquis de Virieu 260 000 f.
plus 59 000 f. de meubles» (*J.* I, 775); le 14 juillet «Installation au Château de
Brangues. Pour la première fois je me trouve entouré de ma femme et de mes cinq
enfants sous un toit qui m'appartient» (*J.* I, 779). A partir de sa mise à la retraite en
mars 1935 (*J.* II, 83), Claudel y séjournera très souvent.

20. P. Claudel à J. Paulhan

[Décembre 1927]

(partie de lettre manquante)
[gues] à tant de choses...
Je vous envoie un *errata* que je vous serais reconnaissant de publier[1].
Les *errata* font toujours un effet fâcheux mais j'y tiens absolument.
Il est vraiment difficile de vous faire imprimer quelque chose quand
on n'est pas à Paris.
Bien amicalement vôtre

P. C.

Je suis surtout fâché de toutes ces fautes dégoûtantes à cause de mon ami
Berthelot[2].

---

1 Il s'agit d'un *erratum* pour *Sous le Rempart d'Athènes* (voir la lettre suivante).
L'œuvre fut écrite à la demande de Philippe Berthelot, pour les fêtes célébrant le
centenaire de son père, le chimiste Marcellin Berthelot (1827-1907), réputé pour ses
travaux sur la chimie de synthèse, sur la thermochimie et, en physiologie, sur les
enzymes. Le manuscrit de *Sous le Rempart d'Athènes* est daté de Washington, avril
1927.
2 Philippe Berthelot (1866-1934), diplomate, ami de Claudel. Philippe Berthelot, en
tant que directeur des affaires d'Asie au Quai d'Orsay, a aidé Claudel au début de sa
carrière (notamment en Chine) et lui a rendu de grands services au moment du scandale que suscita sa liaison avec Rosalie Vetch. (Voir Gérald Antoine, *Paul Claudel
ou l'Enfer du génie*, Laffont, 1988, p. 121 ainsi que le chapitre intitulé: «Un ange
gardien laïc: Philippe Berthelot», pp. 121-126.) Pendant la Première Guerre mon-
diale, il est directeur des affaires politiques et l'un des principaux conseillers de
Briand. En 1920, il devient secrétaire général du ministère des Affaires étrangères et
joue un rôle considérable dans l'élaboration des traités de paix et dans les négo-
ciations internationales autour du problème des réparations. Claudel écrira plusieurs
articles sur son ami en 1937 et 1938, ainsi qu'un discours prononcé aux obsèques de
Berthelot le 25 novembre 1934. (Voir *Pr*, 1274 *sq.* et *Th.* II, 1486.) Sur Philippe
Berthelot, voir Jean-Luc Barré, *Le Seigneur-Chat, Philippe Berthelot, 1866-1934*,
Plon, 1988.

21. P. Claudel à J. Paulhan

Ambassade de France

Washington le 15 janvier [1928]¹

Mon cher Paulhan

Je n'ai pas trouvé dans la *N.R.F.* de Janvier les *Errata* de «Sous le Rempart d'Athènes». Je vous serais très reconnaissant s'ils pouvaient paraître dans votre prochain n°. Il y en a un autre à ajouter:

p. 722 ligne 11²

au lieu de cinq et *dix*

lire

cinq et *six*

Merci et bien amicalement

P. Claudel

---

1   Claudel a écrit par erreur la date de 1927. *Sous le Rempart d'Athènes* a été publié à *La N.R.F.* en décembre 1927, repris dans *Th.* II, 1113 (voir lettre précédente). De plus, Claudel ne se trouvait pas encore à Washington à la date du 15 janvier 1927 (voir à ce sujet Gérald Antoine, *op. cit.*, p. 228 et *supra*, lettre n° 16, note 4).

2   A la fin du numéro de février 1928 ont paru les *errata* suivants: «*Sous le Rempart d'Athènes* (N.R.F. Décembre 1927). Page 707, au lieu de: *acidité*, lire: *aridité*. Page 709, dernière ligne, au lieu de: *je connais*, lire: *je reconnais*. Page 710, ligne 13, au lieu de: *Brinthe*, lire: *Corinthe*. Page 712, ligne 12, au lieu de: *Erechtiennes*, lire: *Erechthéennes*. Page 716, ligne 12, au lieu de: *à nos oreilles muettes*, lire: *à nos oreilles muette*. Page 721, entre les lignes 3 et 4, une ligne entière a été omise: ‹*Le Jeune Homme* – Et comment les aurait-elle séparés›». A la fin du numéro de mars 1928, on trouve l'*erratum* suivant: «Dans *Sous le Rempart d'Athènes*, page 722, ligne 11, au lieu de: *cinq et dix*, lire: *cinq et six*».

22. P. Claudel à J. Paulhan

W[ashington] le 2 juin 1928

Mon cher Paulhan

Je crois que vous avez bien fait d'abandonner ce pauvre Rambaud[1] et je serai flatté de l'attention que Messieurs de Schloezer[2] et Du Bos[3] voudront bien m'accorder.

Je serais très heureux de continuer ma collaboration à la *N.R.F.* mais à la différence de mes impressions du Japon les choses que j'écris actuellement ne se prêtent guère à une publication fragmentaire[4].

Je vous serre très amicalement la main

P. Claudel.

---

1 Il n'y a pas d'article d'Henri Rambaud au cours de l'année 1928, mais ce dernier reprendra sa collaboration à *La N.R.F.* à partir du numéro de janvier 1929.

2 Boris de Schloezer (auteur de *Gogol*, Plon, 1932) assure chaque mois la Chronique musicale de *La N.R.F.*

3 Charles Du Bos (1882-1939), auteur d'essais critiques (*Approximations*, 1922-1937) et d'un *Journal*. Il n'écrira rien dans *La N.R.F.* au cours des années 1928 et 1929. Il consacrera quelques pages à la conversion de Claudel dans *Approximations*, sixième série, Corréa, 1934, pp. 261-263 (voir *J.* II, 646). Il participera au numéro d'hommage à Claudel de *La Vie intellectuelle* du 10 juillet 1935. Pour un article d'ensemble sur l'œuvre de Claudel par Rambaud, Du Bos ou Schloezer, voir plus particulièrement, Paul Claudel – Gaston Gallimard, *Correspondance, op. cit.*, la lettre de Gallimard du 18 avril 1929, p. 366.

4 Il est possible que Claudel réfléchisse déjà confusément au projet de *Au milieu des vitraux de l'Apocalypse*, mais les éléments de la genèse de ce texte montrent que sa rédaction ne commença vraisemblablement qu'en décembre 1928: «C'est, semble-t-il, vers la fin de 1928 qu'il reçoit de Léon Pichon, directeur des Editions d'Art, la suggestion de traduire l'Apocalypse», D. Millet-Gérard, in *Le Poëte et la Bible*, 1910-1946, édition établie, présentée et annotée par Michel Malicet, avec la collaboration de Dominique Millet et Xavier Tilliette, Gallimard, 1998, p. 1417. Voir également *ibid.*, p. 1419 et la Préface de Michel Malicet, p. XVIII. Voir aussi lettre n° 104.

23. P. Claudel à J. Paulhan

Château de Brangues
Morestel
Brangues
Isère

[4 septembre 1928][1]

M. Paul Claudel exprime ses remerciements les plus sincères pour les nombreux articles de journaux et de revues qui ont été publiés en Allemagne à l'occasion de son soixantième anniversaire[2]. Ils montrent une intelligence de son œuvre et un intérêt pour ses idées qui lui ont été particulièrement sensibles.

---

1 La date a été ajoutée de la main de Jean Paulhan. Cette lettre était adressée à Monsieur Jean Paulhan, Rédacteur en chef de *La Nouvelle Revue Française*, 3 rue de Grenelle, Paris.

2 Rappelons que Claudel est né le 6 août 1868. Le 4 août 1928 ont paru deux articles d'Otto Forst de Battaglia intitulés respectivement «Paul Claudel» dans le *Hamburger Fremdenblatt* et «Paul Claudel. Zu seinem 60° Geburtstag am 6. August» dans le *Hannoversche Kurier*; le 5 août a paru dans la *Neue Zürcher Zeitung* un article intitulé «Zwei Spiele Claudels»; le 7 août dans le *Magdeburgische Zeitung*: «Paul Claudel. Zu seinem 60° Geburtstage» et le 15 août, un autre article d'Otto Forst de Battaglia sur «Paul Claudel» dans la *Literarische Beilage der Augsburger Post-zeitung*. – Le 19 septembre 1911 Claudel fut nommé au Consulat général de Franc-fort (*J.* I, 204), puis au Consulat de Hambourg le 14 octobre 1913 (*J.* I, 263) qu'il dut quitter précipitamment en août 1914 au moment de la déclaration de guerre (*J.* I, 295). A propos de Claudel et l'Allemagne, on pourra lire l'article de Jürg Altwegg paru dans *La Tribune d'Allemagne*, n° 978, Hambourg, 23 janvier 1983, intitulé: «Réconciliation à retardement. Les rapports complexes entre Paul Claudel et les Allemands». (Voir aussi Christelle Brun, *Paul Claudel et le monde germanique*. Thèse de doctorat sous la direction du professeur Michel Autrand, Université de Paris IV-Sorbonne, janvier 2001.)

24. P. Claudel à J. Paulhan

Château de Brangues
Morestel
Brangues
Isère

18 sept[embre] 1928

Mon cher Paulhan

Avez-vous reçu ma lettre et puis-je espérer que vous publierez mon petit
communiqué dans votre prochain numéro[1]?
Bien amicalement

P. Claudel

---

1   Mot souligné par Claudel. Ce «communiqué» (voir lettre précédente) a été publié à la
    fin du numéro de *La N.R.F.* d'octobre 1928 (p. 608).

25. P. Claudel à J. Paulhan

Ambassade de France
aux Etats-Unis

Washington 18 décembre 1928

Monsieur Jean Paulhan
Rédacteur en chef de la *N.R.F.*
Paris

Monsieur

Je reçois à l'instant votre numéro du 1er décembre dernier et j'y lis les pages que vous y publiez sous la signature du Sieur Léautaud[1]. Elles m'imposent l'obligation de vous signifier ma rupture définitive avec

---

1 L'écrivain et chroniqueur dramatique, Paul Léautaud (1872-1956), co-auteur avec Arthur Van Bever d'une anthologie en trois volumes publiée au Mercure de France, *Poètes d'aujourd'hui* (1880 à 1929), est aussi l'auteur du *Petit Ami* (1903), de *Passe-Temps* (1928) et surtout d'un *Journal littéraire* qui sera publié au Mercure de France de 1954 à 1966 sous la direction de Marie Dormoy (19 volumes). Il tint la critique dramatique au *Mercure de France*, à *La N.R.F.* (d'octobre 1921 à avril 1923 sous le pseudonyme de Maurice Boissard, puis de janvier à mai 1929 sous son nom) et aux *Nouvelles littéraires*. Il réunira ses articles dans le *Théâtre de Maurice Boissard* (Gallimard, tome I 1926, tome II 1943). Il publie dans le numéro de *La N.R.F.* de décembre 1928 (p. 760) un article intitulé «Dialogue» dans lequel il se moque ouvertement de l'Eglise et de la religion, ce qui provoque la colère de Claudel. (Voir à ce sujet *J.* I, 842.) Paul Léautaud évoque souvent Claudel dans son *Journal littéraire*, de manière peu amène (voir tome III, 1956, pp. 84 et 140). Le 27 mars 1929, il consigne: «Ce matin, lettre de Jean Paulhan [...]. Il me dit dans cette lettre que Paul Claudel lui a écrit qu'après les pages du Sieur Léautaud qu'a publiées la *Nouvelle Revue française* (mon *Dialogue*) il rompt pour toujours avec cette maison.»; et le même jour: «Paulhan toujours charmant avec moi. [...]. Je lui ai dit, à propos de Claudel: ‹Je pense que vous ne vous frappez pas. Il reviendra, vous pouvez en être sûr.› Il me dit en riant que Claudel veut faire un procès à Gaston Gallimard. Il trouve qu'on ne parle jamais de lui dans la revue, qu'on ne lui fait pas assez de réclame.» (tome VII, 1959, p. 234). (Voir également *id.*, pp. 251, 253-254, 285 et tome VIII, 1960, p. 152.)

votre revue, bien que malheureusement un contrat que je regrette continue à me lier avec votre maison d'édition.

Je vous prie également de ne plus m'envoyer la *N.R.F.*

Recevez l'assurance de ma considération distinguée

P. Claudel

Je vous serais obligé de publier la présente lettre dans votre prochain numéro[2].

---

2   Cette lettre n'a pas été publiée.

26. P. Claudel à G. Gallimard

Washington le 9 fév[rier 19]29[1]

Mon cher Gallimard,

Je réponds à votre lettre personnelle du 21 Janvier.
En même temps qu'elle me parvient une lettre d'un ami de Dijon[2] qui me dit: J'ai cherché bien souvent vos œuvres dans les bibliothèques et les librairies et on m'a toujours répondu: l'éditeur ne fait pas de réclame! Que de lettres du même genre n'ai-je pas reçu de France ou de l'étranger! En dehors de votre magasin mes livres sont introuvables. Jamais il ne m'est arrivé de les voir exposés chez un libraire. Quand je fais une tournée à l'étranger, bien qu'il me soit arrivé souvent de vous prévenir, en Angleterre, en Belgique, en Suisse, en Louisiane, au Canada, au Japon, partout même absence générale! Quand je vois ce que Grasset fait pour ses clients, ou ce que vous-même avez su faire pour les auteurs que vous favorisez, et qui répondent à la ligne de votre maison, tels que Gide, Proust ou Valéry, il m'est impossible de croire que cette disette de mes ouvrages ne répond pas à un parti pris de votre part. Je constate en effet que vous vous êtes toujours abstenu d'aucune publicité à leur égard. Un de mes amis m'écrit même que *Positions et Propositions*[3] n'a même pas été annoncé dans la *Bibliographie de la France*. René Johannet[4] m'écrit qu'il n'a pas reçu son exemplaire etc, etc, etc...

---

1 Lettre publiée dans la correspondance avec Gaston Gallimard, *op. cit.*, p. 354. La date et l'adresse à Gallimard sont écrites à la main en caractères d'imprimerie, mais l'ensemble de la lettre est dactylographié. – Nous donnons ici cette lettre ainsi que plus loin une autre lettre à Gaston Gallimard (lettre n° 29) qui toutes deux confirment la rupture avec la revue de Jean Paulhan et les éditions Gallimard.
2 L'identité de cet ami n'a pu être trouvée.
3 Il s'agit de *Positions et Propositions* I (Editions de la N.R.F.). Voir lettre n° 11, note 12.
4 Lettre du 25 janvier 1929 dont le manuscrit est déposé à la Bibliothèque Nationale (copie au Centre Jacques-Petit). René Johannet (1884-1972), journaliste à la *Revue universelle* et à *La Croix*, intéressé par les questions religieuses et sociales, auteur de *L'Evolution du roman social au XIXe siècle* (1909) et de *Eloge du bourgeois français*

Je ne crois pas qu'il y ait d'exemple d'un écrivain parvenu au rang que j'occupe actuellement non seulement sans l'appui mais avec l'hostilité constante, sournoise ou déclarée de la maison qui l'édite.

Si vous essayiez de contester cette vérité pour moi certaine, j'aurais une réponse irréfutable à vous faire et qui montre bien que la ligne de conduite à mon égard de la *N.R.F.* est le résultat d'un véritable parti pris. Comment en effet pourriez-vous expliquer autrement que collaborant à cette revue depuis sa fondation, *jamais* elle ne m'ait consacré un seul article ou une seule étude d'ensemble? Comment expliquer que mes livres les plus importants par exemple *L'Annonce, L'Otage*, les *Feuilles de saints*[5], n'aient jamais été signalés, alors que des colonnes et des colonnes signalent l'apparition du moindre libelle d'Aragon? Comment se fait-il qu'aucune représentation de mes pièces ait jamais été annoncée ou critiquée dans vos colonnes? Dernièrement une œuvre musicale de Milhaud extrêmement importante a été exécutée[6]. Pas un mot. Et il en a

---

(1924). Il avait épousé Henriette Charasson, poète d'inspiration catholique très influencée par le verset claudélien. Il participera au numéro d'hommage à Paul Claudel de *La Vie intellectuelle* du 10 juillet 1935. Il écrit également dans la *Revue de Paris*; voir *J.* II, 171 (décembre 1936): «Dans *la Revue de Paris* article très curieux de René Johannet sur les voyants de l'avenir...» (1ᵉʳ janvier 1937: «Voyants et voyantes de Paris», pp. 172-202).

5   La première version de *l'Annonce faite à Marie* a paru dans les numéros de *La N.R.F.* de décembre 1911, de janvier, mars et avril 1912. Ce «mystère en quatre actes» a été publié par la N.R.F. en 1912, puis réédité en 1917. *L'Otage* a paru dans les numéros de décembre 1910, janvier et février 1911. Ce drame est publié ensuite par la N.R.F. en 1911 qui en donne une nouvelle édition augmentée en 1919. Un article d'Henri Rambaud sur *Feuilles de Saints* avait paru dans le numéro de *La N.R.F.* d'avril 1926 (voir lettre n° 11, note 12).

6   Darius Milhaud (1892-1974), compositeur français et collaborateur artistique de Claudel. En 1917-1918 il s'est rendu au Brésil comme secrétaire de Claudel (voir *J.* I, 366). En 1930, sera créé à Berlin l'opéra *Christophe Colomb*, sur un livret de Paul Claudel. La correspondance Paul Claudel-Darius Milhaud (1912-1953) est publiée dans le *Cahier Paul Claudel*, n° 3, Gallimard, 1961, préface de Henri Hoppenot, introduction et notes de Jacques Petit. Voir dans ce numéro à la p. 351 la liste des 27 œuvres de Darius Milhaud composées sur des textes de Paul Claudel. Voir Pascal Lécroart, *Paul Claudel et la musique scénique. Du* Christophe Colomb *au* Livre de Christophe Colomb *(1927-1952)*. Thèse de doctorat sous la direction de Michel Autrand, Université de Paris IV-Sorbonne, 1998, 2 tomes, thèse publiée sous le titre: *Paul Claudel et la rénovation du drame musical*, Mardaga, 2004.

été de même pour toutes mes pièces sans exception. Jamais un livre de moi n'est signalé, à moins que je le réclame expressément comme pour les *Deux farces lyriques*[7]. Jamais mon nom n'est cité, sauf d'une manière toute occasionnelle. Je suis aussi tabou chez mon propre éditeur qu'à la *Revue des Deux Mondes*[8]. Si j'ai obtenu quelque notoriété c'est entièrement sans le secours de la *N.R.F.* et probablement malgré elle. La chose serait inexplicable si un mot d'ordre n'avait été donné par quelqu'un.

Quand l'histoire de ma vie sera écrite, comme elle le sera un jour, on trouvera peu d'exemples d'un grand écrivain ainsi constamment trahi, étouffé, saboté par son propre éditeur.

La chose est d'autant plus monstrueuse que, profitant de ma naïveté, à une époque où j'étais encore peu connu, vous m'avez lié à votre maison par un contrat d'exclusivité qui aurait dû vous imposer à mon égard des devoirs spéciaux[9]. J'ajoute que ce contrat a constitué pour moi un véritable abus de confiance. Je pouvais penser en effet à ce moment que votre maison ne publierait que des ouvrages d'une haute tenue morale et littéraire, et c'est ce qui m'avait décidé, en même temps que les pro-

---

7   *Deux farces lyriques: Protée. L'Ours et la lune* a été publié aux éditions de la N.R.F. en 1927.

8   Claudel lui-même manifeste des sentiments ambigus à l'égard de la *Revue des Deux Mondes*. Dans une lettre à Romain Rolland, Charles Vildrac écrivait de Tokyo (mai 1926), à propos de Claudel: «Il déteste la vie parisienne, les journalistes, *La Revue des Deux Mondes*, les acteurs, etc.» (Gérald Antoine, *op. cit.*, p. 218). Le 22 octobre 1924, Claudel écrivait dans son *Journal*: «La *Revue des 2 M[ondes]* notre plus belle planche à cornichons» (*J.* I, 647). Cependant, le 1er juin 1942 paraîtra un article de Louis Gillet sur Claudel, intitulé «M. Paul Claudel et la Bible», pp. 308-322, dans lequel Louis Gillet rend compte de *Présence et Prophétie*; voir *J.* II, 402 et la note pp. 1061-1062: «Le plaisir que cet article donne à Claudel est sensible: ‹*Présence et Prophétie*, écrit-il à Milhaud, m'a valu mon entrée sous le regard bienveillant de *la Revue des Deux Mondes*›».

9   C'est le 16 mai 1911, soit quinze jours avant celui créant officiellement les Editions de La NRF, que fut passé le contrat d'édition de *L'Otage*, entre Paul Claudel et Gaston Gallimard, «Gérant de la Société des Editions de la Nouvelle Revue française». *L'Otage* parut en volume le même mois (achevé d'imprimer le 26 mai). Telles sont les circonstances qui présidèrent à la fondation des Editions Gallimard. (Voir le fac-similé du premier état du contrat d'édition de *L'Otage* dans la correspondance avec Gaston Gallimard, *op. cit.*, p. 13.) En juillet 1915, Gallimard faisait encore des «nouvelles propositions» à Claudel (voir *J.* I, 333).

messes de bonne exécution typographique, à m'engager avec vous. Or, aujourd'hui dans le torrent d'ordures et d'ignominies sans nom que les presses françaises déversent sur le monde, votre maison se distingue par la quantité comme par la qualité de ses productions. Vous êtes l'éditeur attitré de toute la voyoucratie surréaliste, des Aragon, des Breton, et autres individus dont on ne peut prononcer le nom sans nausée. Mais surtout autour des noms de Gide et de Proust ce qui a toujours fait la ligne essentielle et la raison d'être de votre firme, et de votre revue[10], c'est-à-dire l'illustration, défense et propagande des mœurs pédérastiques est devenu parfaitement évident ou pour mieux dire officiel.

Vous pourriez me dire que j'ai mis bien longtemps à m'apercevoir de ces évidences. Mon excuse est dans ma naïveté, dans mon éloignement, dans mes occupations de toute sorte et dans l'horreur que m'inspire ce genre de discussions.

Aujourd'hui je vois clair.

J'ai déjà rompu avec la revue de M. Paulhan. Et mon nom ne pourra plus servir à la fois de piment, d'excuse et de couverture aux malpropretés et aux inepties dont l'équipe de pédérastes et de pions qu'il a recrutée remplit sa revue. L'inestimable collaboration de M. Léautaud qu'il a eu le génie de s'assurer consolera ses lecteurs[11].

N'étant pas actuellement à Paris, je ne puis en ce moment songer aux conditions d'une résiliation avec vous mais dès que je serai de retour, j'examinerai la question avec un avocat.

Croyez à mes sentiments distingués.

P. Claudel

---

10 «et de votre revue» a été ajouté à la main en caractères d'imprimerie.
11 Voir la lettre n° 25.

27. P. Claudel à J. Paulhan

Ambassade de France
aux Etats-Unis

Washington le 14 fév[rier] 1929

Monsieur

Je vous retourne par ce courrier le numéro de février de la *N.R.F.* qui m'a été adressé probablement par erreur. Je vous prie de nouveau de ne plus m'envoyer votre revue.

Agréez l'assurance de ma considération distinguée.

P. Claudel

M. Jean Paulhan
Rédacteur en chef de la *N.R.F.*
3 rue de Grenelle
Paris

28. J. Paulhan à P. Claudel

N.R.F.

Paris, 3, rue de Grenelle (VI°)

[Février 1929][1]

Nous cesserons donc, puisque vous nous le demandez, de vous envoyer la *N.R.F.* Mais votre lettre me paraît injuste. Je ne goûte pas beaucoup plus que vous le *Dialogue*[2]; il nous a simplement paru difficile de refuser l'œuvre de l'un de nos collaborateurs, appelé à la *N.R.F.* par Jacques Rivière, et à qui l'une de nos chroniques a été longtemps confiée[3].

Mais je n'accepterais pas un second «dialogue». Et celui-ci ne peut d'aucune façon marquer une voie où s'engagerait la *N.R.F.* Bernanos, Maritain deviennent nos collaborateurs[4]. Si Paul Claudel nous manque, le plus triomphant sera Paul Léautaud[5].

Le ton de votre lettre ne m'a pas semblé moins injuste que son sens. Peut-être les injures que j'ai reçues des surréalistes pour vous avoir

---

1 Lettre publiée dans la correspondance avec Gaston Gallimard, *op. cit.*, p. 357. Il existe deux états du brouillon de cette lettre; nous livrons ici l'état le plus achevé et indiquons en note les modifications majeures par rapport à l'état le plus ancien.

2 Œuvre de Paul Léautaud (voir la lettre n° 25).

3 En appel dans le premier état figurait la phrase suivante: «ce *dialogue* au surplus me semble par sa ‹simplicité› infin[iment] plus inoffensif que telles pages d'Aragon ou de Péret, qui ont paru dans des revues auxq[uelles] ils collaborent»; ce premier état, daté du 11 janvier [1929] a été publié par M. Malicet et M.-C. Praicheux dans *Paul Claudel-François Mauriac, correspondance 1911-1954, la vague et le rocher*, Minard, Lettres modernes, 1988, p. 169.

4 Jean Paulhan avait écrit dans le premier état: «Laissez-moi vous dire que parmi les nouveaux collaborateurs qui viennent de nous donner ou qui nous donneront très prochain[ement] des études, des récits, figurent Bernanos, Maritain». – *Sous le soleil de Satan* de Georges Bernanos avait paru en 1926 (Plon-Nourrit); Jacques Maritain avait publié *Primauté du spirituel* chez Plon en 1927 et *Art et scolastique* chez Rouart, la même année. Philosophe et essayiste, Jacques Maritain (1882-1973) devint l'un des principaux interprètes du thomisme. Rappelons que Jacques Maritain et Paul Claudel entretinrent une correspondance de 1921 à 1945.

5 Jean Paulhan avait aussi écrit dans le premier état – et barré: «les surréal[istes] triompheront».

défendu[6] (et récemment encore, dans la dernière *Révolution surréaliste*[7])
auraient-elles pu me l'épargner.

Consid[ération] tr[ès] dist[inguée]

---

6   Jean Paulhan échangeait une correspondance avec André Breton (1896-1966) depuis
     1918. Breton considéra cependant comme une trahison l'entrée de Paulhan à *La
     N.R.F.* et les choses s'envenimèrent entre eux, mais aussi avec Louis Aragon, Paul
     Eluard et Benjamin Péret. Des injures furent échangées et au printemps de 1928,
     Claudel est l'objet d'une vive polémique entre le directeur de *La N.R.F.* et Antonin
     Artaud (voir Claire Paulhan, *op. cit.*, pp. 248-249 et p. 339 et *La Revue surréaliste*,
     n° 11, mars 1928).

7   Dans le premier état, Jean Paulhan évoque la dernière *Révolution surréaliste* de mai.
     – Revue surréaliste dont 12 numéros parurent entre 1924 et 1929. Breton, qui en
     assuma la direction à partir de 1925, publia dans le dernier numéro son *Second
     Manifeste du surréalisme*.

29. P. Claudel à G. Gallimard

Ambassade de France
aux Etats-Unis

Washington le 22 février [19]29[1]

Mon cher Gallimard

Je reçois votre lettre du 6 février[2].

Il est trop tard et je me passerai des hommages éventuels et problématiques de la *N.R.F.*

J'ai enfin compris que la maison d'André Gide, de Marcel Proust, des surréalistes et de Léautaud ne pouvait être la mienne.

Croyez à mes sentiments les plus distingués

P. Claudel

---

1   Lettre publiée dans la correspondance avec Gaston Gallimard, *op. cit.*, p. 357.

2   Cette lettre n'est pas publiée dans la correspondance Claudel-Gallimard, *op. cit.* Sans doute a-t-elle été perdue ou détruite.

30. J. Paulhan à P. Claudel

le 29 Novembre 1932

Laissez-moi vous dire[1] une fois encore[2] combien nous serait précieux de vous voir rentrer à la *N.R.F.* Je crains tout ce qui pourrait ressembler – fût-ce du plus loin – à un chantage. Pourtant, comment ne pas ajouter: ce n'est pas à nous seuls, ce n'est pas à moi seul que vous manquez, mais bien plus gravement à tous ces jeunes gens que je vois près de nous lire la *N.R.F.*, qui attendent d'elle les éléments tout au moins d'un choix et d'une croyance.

Et je sais bien qu'il y a aussi les autres, ceux qui vous attendent, et entre les mains de qui il vous déplairait de voir la *N.R.F.* Mais il me semble qu'un tirage à part – aussi étendu qu'il vous plairait – des œuvres que vous nous donneriez, serait de nature à contenter ceux-ci, sans nuire à ceux-là.

---

1   Copie dactylographiée transmise au Centre Jacques-Petit par le département des manuscrits de la Bibliothèque Nationale; pas d'en-tête, pas de formule de politesse. La première partie de cette lettre est publiée par M. Malicet et M.-C. Praicheux dans *Paul Claudel – François Mauriac, correspondance 1911-1954, op. cit.*, p. 171.

2   Paulhan avait déjà pressé Claudel au cours de l'année de publier de nouveau des textes à *La N.R.F.* Claudel avait d'abord exprimé des exigences: «1 – Que chaque numéro soit soumis, quinze jours avant la publication, à son secrétaire M. Paul Petit, qui exercera sur chaque article ou note un droit de veto absolu. 2 – Qu'une note indique expressément un ‹changement d'orientation de *La N.R.F.* Est-ce qu'il n'exagère pas?› écrivait Jean Paulhan à André Gide en avril 1932 (*Correspondance Jean Paulhan – André Gide, 1918-1951, op. cit.*, pp. 121-122).

31. P. Claudel à J. Paulhan

Ambassade de France
Washington. D. C.

W[ashington] le 16 déc[embre 19]32[1]

Mon cher Paulhan

Je cède donc à vos instances. Vous trouverez ci-joint quelques pages inspirées par le désir qui m'a pris d'apporter moi aussi ma modeste contribution à votre Hommage à Goethe[2]. Vous pouvez les publier si vous voulez.
Bien vôtre

P. Claudel
J'aimerais corriger moi-même les épreuves.

---

1 On peut hésiter entre 16 et 18 décembre.
2 Claudel n'est généralement pas tendre envers Goethe. Déjà en mai 1912 il écrivait dans son *Journal*: «Tout est saucisse en Allemagne, [...] Goethe, saucisse!» (*J.* I, 223). En décembre 1927: «Relu le *Faust*. C'est une dérision de l'espèce humaine et de tous les gens de science. Les Allemands y trouvent une profondeur inouïe; quant à moi, je trouve que cela vaut moins que *Candide*; c'est tout aussi *immoral, aride et desséchant*, et il y a moins de légèreté, moins de plaisanteries ingénieuses et beaucoup plus de mauvais goût» (*J.* I, 797). En mai 1932: «Goethe incapable de sourire, dénué de toute espèce d'humour ou d'esprit ou de fantaisie. C'est un âne» (*J.* I, 1000). Dans *Sainte Geneviève*, Claudel désigne Goethe comme «le grand âne solennel» (*Po*, 642). Les réflexions de Claudel sur Goethe lui ont certainement coûté son poste d'ambassadeur à Berlin en remplacement de Jacques de Margerie en 1926 (voir à ce sujet l'édition critique et commentée de *Richard Wagner. Rêverie d'un poëte français*, par Michel Malicet, Annales Littéraires de l'Université de Besançon, 1970, pp. 27 à 30) – *La N.R.F.* publie un «Hommage à Goethe» le 1er mars 1932 (n° 222, pp. 321-578) qui ne comporte aucun texte de Claudel. Mais Claudel envoie sans doute «Mort de Judas» qui sera publié dans *La N.R.F.* de juin 1933 et dans lequel il est question de Goethe (voir la lettre suivante et *Pr*, 904 et 1520). Rappelons que les éditions Gallimard publieront en 1942 le *Théâtre complet* de Goethe précédé d'une longue introduction d'André Gide. Voir Paulhan – Gide, *op. cit.*, p. 251.

79

32. P. Claudel à J. Paulhan

Ambassade de France
aux Etats-Unis

W[ashington] le 20 décembre 19]32

Mon cher Paulhan

Je serais désireux que l'article intitulé «Mort de Judas»[1] que je vous ai envoyé la semaine dernière parût simplement sous mes initiales P. C. Je désire beaucoup revoir les épreuves.

Bien vôtre

P. Claudel

---

1   «Mort de Judas», publié pour la première fois dans le numéro de juin 1933 de *La N.R.F.*, a été repris en 1936, ainsi que plusieurs des textes qu'évoquent les lettres suivantes, dans *Figures et paraboles* publié chez Gallimard. Cette partie de la correspondance confirme que «Mort de Judas» publié après «Le Point de vue de Ponce Pilate» a néanmoins été écrit avant ce dernier texte: «Mort de Judas» est daté du 26 juin 1932 tandis que «Le Point de vue de Ponce Pilate» publié en avril 1933 est daté du 18 janvier 1933. A propos de ce dernier texte, voir Jacques Houriez, «*Pilate*, ou le regard de l'innocence», in *Jean Grosjean poète et prosateur*, L'Harmattan, 1999, p. 191.

33. P. Claudel à J. Paulhan

Ambassade de France
aux Etats-Unis

W[ashington] le 27/1/33

Mon cher Paulhan

Ci-joint les épreuves corrigées de «Mort de Judas», qui, comme il est convenu, devra paraître sous les initiales P. C.
Pour faire pendant, j'ai écrit récemment un

«Point de vue de Ponce Pilate[1]».

Vous pourrez le publier dans le numéro suivant sous les mêmes initiales.
Bien vôtre

P. Cl.

---

1   Voir la note de la lettre n° 32.

34. P. Claudel à J. Paulhan

Fifteen East
Ninety Sixth Street[1]

29 janvier [19]33

Mon cher Paulhan

Dans «le Point de vue de Ponce Pilate», il faudrait ajouter après

...l'imminence de l'explosion sternutatoire

la note suivante (1)

(1) *Annuit et totum nutu tremefecit Olympum.*

Virg[ile][2].

Je voudrais revoir moi-même les épreuves.
Bien vôtre

P. Cl.

---

1 Les 28 et 29 janvier, Claudel est à New York (*J.* II, 5).
2 La note a bien été ajoutée. – Trad. Bellesort, Paris, Les Belles Lettres, 1936: «Il fit un signe de tête, et l'Olympe tout entier trembla», *Enéide*, IX, 106.

35. P. Claudel à J. Paulhan

Ambassade de France
aux Etats-Unis

W[ashington] le 1ᵉʳ février [19]33

Mon cher Paulhan

J'ai bien reçu votre lettre du 24 Janvier.

Comme je vous le disais dans ma lettre d'hier[1], je désirerais que la publication de «Mort de Judas» fût ajournée et remplacée par «Le Point de vue de Ponce Pilate» que je vous ai envoyé. J'aimerais corriger les épreuves. Un peu plus tard je pourrai vous envoyer un essai beaucoup plus important qui s'appelle *La Légende de Prâkriti*[2]

J'écouterai bien volontiers ce que vous avez à me dire sur vos difficultés linguistiques[3] et je serai heureux de vous donner mon point de vue.

Bien amicalement

P. Claudel

---

1 Cette lettre est manquante.
2 Ce texte a été publié dans le numéro de décembre 1933 de *La N.R.F.*; il a été repris par la suite dans *Figures et paraboles* (*Pr*, 944).
3 Paulhan travaille aux *Fleurs de Tarbes*, qui paraîtront d'abord dans *La N.R.F.* en 1936.

36. P. Claudel à J. Paulhan

28 avril [19]33

Mon cher Paulhan

J'aurai grand plaisir à vous voir – par exemple le 2 mai vers 11 h? – Si par hasard vous pouviez me donner des nouvelles de *Christophe Colomb* en perdition à la *N.R.F* depuis près de 2 ans, je vous en serais très reconnaissant[1].

Bien amicalement

P. Claudel.

---

1   *Le Livre de Christophe Colomb* (*Th.* II, 1129) a paru pour la première fois dans la revue *Commerce* en automne 1929. Il sera publié par la N.R.F. en 1933, édition illustrée par Jean Charlot.

37. P. Claudel à J. Paulhan

7 mai [19]33

Mon cher Paulhan

Pourriez-vous me faire q[uel]q[ues] tirages à part de «Mort de Judas» comme v[ous] l'avez fait pour «P[once] Pilate»?
J'espère que *Christophe Colomb* paraîtra ce mois-ci?
Je pars aujourd'hui pour Bruxelles[1].
Bien amicalement

P. Cl.

---

1   Claudel est nommé ambassadeur en Belgique en avril 1933. Il arrive au Havre (retour d'Amérique) le 26 avril, puis à Paris où il descend à l'Hôtel Crillon jusqu'au 7 mai, jour de son départ pour la Belgique (*J*. II, 19).

38. P. Claudel à J. Paulhan

Château de Brangues
Morestel
Tel. N° 2 Brangues
Isère

20 août 1933

Mon cher Paulhan

Le pauvre Charles Albert Cingria[1] m'écrit une lettre lamentable de
l'Hôtel du Belvédère à Locarno-Tessin où il est actuellement échoué,

---

1   Ecrivain suisse (1883-1954), frère du peintre Alexandre Cingria auquel Claudel
    adressa le 19 juin 1919 une «lettre sur les causes de la décadence de l'art sacré» (*Pr*,
    118-121). La *Correspondance générale* de Charles-Albert Cingria a été publiée par
    Edmond Laufer aux éditions l'Age d'Homme en 1979: le tome IV est consacré aux
    «amis de France» dont Claudel (pp. 9-57) et Paulhan (pp. 61-197). Il a publié des
    poèmes et des essais (*Pendeloques alpestres* en 1929 et *Bois sec, bois vert* en 1948).
    En 1914 il était membre de la Coopérative de prières (voir *J.* I, 279 et *S.* III, 37,
    l'article de Claudel intitulé «La Coopérative de prières», daté du 22 septembre 1909).
    Après sa mort, en 1954, Claudel écrira quelques lignes sur son ami: «Couronne de
    Charles-Albert Cingria» (*S.*II, 520). Cingria fut un des principaux collaborateurs de
    la *Voile latine* (1906-1910), puis correspondant de *La N.R.F.*: dès juin 1933 – mais
    Paulhan et Cingria se connaissaient déjà à cette date –, en effet, Cingria fait paraître
    des notes critiques dans la chronique mensuelle «L'air du mois», notes très
    appréciées comme le montre la lettre de Jean Paulhan à André Gide du 27 juin 1933:
    «Je ne serais pas très loin de voir dans Cingria un grand écrivain – enfin l'un de ces
    écrivains à qui l'on laisse, une fois invités, toute liberté de parler à leur gré. [...] Il
    me semble trouver, dans les notes de Cingria, une ironique délicatesse, qui n'est pas
    sans charme. [...] Enfin, je suis surpris de l'enthousiasme Qu'expriment pour Cingria
    des esprits aussi divers que Claudel et Gaston Gallimard, Ramuz et Max Jacob – et
    particulièrement pour les ‹Notes critiques› de Cingria. (‹Enfin, me dit-on, une note de
    La N.R.F. qui me donne envie de lire un livre!›)» (Paulhan – Gide, *op. cit.*, pp. 148-
    149). Dans la première lettre à Jean Paulhan, publiée et datée d'[avril 1933]
    (*Correspondance générale*, tome IV, p. 64), Cingria envisageait son travail à *La
    N.R.F.*: «Des notes, n'est-ce pas? même des choses courtes. Pas d'œuvres. Signifier,
    plaquer, n'est-ce pas? Inoculer la compréhension et la vision par vibration, avec des
    titres qui déjà contiennent. C'est le ton de la revue, et c'est le mien. Je vais m'y

dans un état de complet dénuement. Je lui envoie un petit secours, mais ne puis tout faire par moi-même. Ne pourriez-v[ous] lui trouver q[uel]q[ue] ch[ose] de fixe à la *N.R.F.* C'est un esprit original et charmant et les 2 courtes notes qu'il v[ous] a fournies ont été très remarquées. Il ne lui manque qu'une chose, c'est quelqu'un q[ui] sache l'utiliser, car c'est une mine d'idées et de connaissances inépuisables, – avec cette qualité aujourd'hui inestimable: l'originalité. Il faudrait trouver moyen de l'enfermer q[uel]q[ue] part, et de le faire travailler, mais il apporterait à votre revue ce grain sans quoi rien n'a de saveur: je veux dire le grain de sel.

Tout ce q[ue] v[ous] ferez pour C[harles] A[lbert], je le considérerai de votre part comme un bon office personnel.

Je vous remercie d'avance et vous serre la main

P. Cl.

---

appliquer». Mais dans les années trente, Cingria connaît de graves difficultés: le 20 août 1933, Claudel lui écrit: «Votre lettre bien attristante ne m'est parvenue qu'hier et je m'empresse de vous envoyer sous forme de 2 billets le petit secours que vous me demandez. J'écris également à Paulhan. Votre frère ne pourrait-il vous aider?» (*op. cit.*, p. 44). La lettre de Cingria à laquelle il est fait allusion n'est pas publiée dans cette *Correspondance*, mais toujours p. 44, on peut lire: «Ah mais n'oubliez pas ce que je vous demandais avec tant de crainte dans ma lettre d'hier. Je suis perdu: je marche sur la pointe des pieds dans ce grand hôtel dont les parquets craquent tandis que je pose sur un plateau mes lettres non oblitérées. De grands battements de cœur s'élancent vers vous.» (Cingria à Claudel, lettre datée de l'[été 1933], Hôtel Belvédère, Locarno, Suisse – Lac Majeur). (Voir la lettre n° 87 de la présente édition.)

39. P. Claudel à J. Paulhan

Château de Brangues
Morestel
Tel. N° 2 Brangues
Isère

9 septembre 1933

Mon cher Paulhan

Ci-joint une bagatelle que je viens d'écrire et que vous pouvez publier si le cœur vous en dit[1]. Elle paraîtrait sous la marque P. C. que deux essais précédents ont déjà brillamment lancée.
Bien vôtre

P. Cl.

---

1 Il s'agit du «Jardin aride» dont il est question dans les lettres du 25 octobre et du 16 décembre 1933 et qui sera publié à *La N.R.F.* en janvier 1934. Ce texte a été repris dans *Figures et paraboles* (*Pr*, 930).

40. P. Claudel à J. Paulhan

Ambassade de France
en Belgique

Bruxelles 26 sept[embre] 33

Mon cher Paulhan – J'ai bien reçu v[otre] petit mot concernant la paru-
tion de mon article dans le prochain n° de la *N.R.F. J'aimerais, je tien-
drais à recevoir les épreuves d'urgence*[1]. – Je n'ai pas reçu le n° de
septembre
    Bien vôtre

P. Claudel

---

1 Souligné dans le texte.

41. P. Claudel à J. Paulhan

Bruxelles, le 25 Octobre [19]33

Mon cher Paulhan[1],

Je n'ai pas encore reçu les épreuves du «Jardin aride» qui, à ce que j'ai compris, devait paraître dans votre prochain numéro[2].

Je suppose que vous avez reçu le manuscrit de «Prâkriti[3]» pour laquelle il faudrait prévoir un tirage à part de 500 exemplaires si Gallimard veut bien faire les frais d'un frontispice en couleur que je lui ai proposé (sans qu'il m'ait encore répondu).

Croyez, je vous prie, à mes sentiments les plus amicalement dévoués.

---

1 Lettre dactylographiée transmise au Centre Jacques-Petit par le département des manuscrits de la Bibliothèque Nationale. Pas de signature.
2 Pour se faire plus pressant, Paul Claudel a corrigé ainsi à la main le texte dactylographié qui proposait «les prochains numéros».
3 Voir la lettre n° 35.

42. P. Claudel à J. Paulhan

Ambassade de France
en Belgique

11 novembre 1933[1]

Mon cher Paulhan – Ci-joint les épreuves corrigées de *Prâkriti*. Je vois qu'on a omis l'épigraphe tiré [*sic*] des *Métamorphoses* d'Ovide que j'avais joint [*sic*] à mon M[anu]S[crit]. Pourquoi? J'y tiens beaucoup, spécialement à raison du tirage à part en plaquette dont il (ou elle?) constitue une illustration importante. Je vous serais donc reconnaissant de le [*sic*] faire rétablir[2]. Mais comme le latin est généralement estropié par les typographes, j'aimerais beaucoup recevoir une épreuve.

Croyez, je vous prie, à mes sentiments les plus amicalement dévoués

P. Claudel

---

1 Le chiffre 9 a d'abord été indiqué pour la date, puis barré et remplacé par 11.

2 L'épigraphe a bien été rétablie dans le numéro de *La N.R.F.* de décembre 1933: *Sanctius hic animal, mentisque capacius altæ, / Deerat adhuc, et quod dominari in cætera posset / Natus homo est, sive hunc divino numine fecit / Ille opifex rerum, mundi melioris imago, / Sive recens tellus, seductaque nuper ab alto / Æthere cognati retinebat semina cæli. / Quam satus Iapeto mistam fluvialibus undis / Finxit in effigiem moderantum cuncta deorum, / Pronaque cum spectent cætera animalia terram / Os homini sublime dedit, cælumque tueri / Iussit, et erectos ad sidera tollere vultus.* Et au-dessous: *Rudis indigestaque moles... / ... Sine pondere habentia pondus.* Ovide, *Métamorphoses*, Paris, Les Belles Lettres, 1928, livre I, vers 76-86, trad. Georges Lafaye: «Un animal plus noble, plus capable, d'une haute intelligence et digne de commander à tous les autres, manquait encore. L'homme naquit, soit que le créateur de toutes choses, père d'un monde meilleur, l'ait formé d'un germe divin, soit que la terre récente, séparée depuis peu des hautes régions de l'éther, retînt encore des germes du ciel, restes de leur parenté, et que le fils d'Iapet, l'ayant mêlée aux eaux d'un fleuve, l'ait modelée à l'image des dieux, maîtres de l'univers, tandis que, tête basse, tous les autres animaux tiennent leurs yeux attachés sur la terre, il a donné à l'homme un visage, qui se dresse au-dessus; il a voulu lui permettre de contempler le ciel, de lever ses regards et de les porter vers les astres.» (I, 7). «Ce n'était qu'une masse informe et confuse» (I, 20) «Le pesant (faisait la guerre) au léger».

43. P. Claudel à J. Paulhan

Ambassade de France
en Belgique

17 novembre [19]33

Mon cher Paulhan

Je vous renvoie ci-joint l'épreuve de l'épigraphe corrigée. – Je continue à ne pas recevoir la *N.R.F.* Il faudrait q[ue] v[otre] service d'expédition prît enfin note q[ue] je ne suis plus à Washington mais à Bruxelles[1].
Bien vôtre

P. Cl.

---

1   «! fait» a écrit à la main Jean Paulhan au bas de la lettre. – Voir la lettre n° 37.

44. P. Claudel à J. Paulhan

Ambassade de France
en Belgique

23 nov[embre 19]33

Mon cher Paulhan

Du moment où l'on prépare une édition à part de *Prâkriti* il n'y a en effet aucune raison de faire un tirage à part. J'ai écrit à Charlot[1] de hâter le plus possible l'impression du frontispice. Si v[ous] aviez une communication à lui faire son adresse est

295 W. 11 th Str. Los Angeles, Cal.

Affectueusement vôtre

P. Cl.

---

1 Il s'agit du peintre Jean Charlot dont Claudel avait fait la connaissance en Amérique vers 1928 et pour lequel il écrivit un texte publié dans le catalogue de l'exposition organisée à New York en mai 1931 (*Pr*, 296). Dans une lettre à Darius Milhaud du 27 mars 1929, Claudel écrivait: «J'ai trouvé ici un jeune peintre français qui travaille depuis huit ans au Mexique où il est employé dans les fouilles archéologiques. [...] Il me prépare des dessins pour l'édition anglaise de *Ch.[ristophe] Colomb* que je vais essayer de faire paraître à New York» (*Cahier Paul Claudel*, n° 3, p. 112). Paul Claudel et Jean Charlot ont échangé une correspondance de 1929 à 1954. Une thèse sur cette correspondance est actuellement en cours à l'Université de Besançon (Francine Reith-Bronner, sous la direction de Jacques Houriez et Catherine Mayaux).

45. P. Claudel à J. Paulhan

Ambassade de France
en Belgique

16 décembre 1933

Mon cher Paulhan

Je vous renvoie un chèque de 1000 francs qui m'a été adressé par un Administrateur-délégué de la *N.R.F.*, sans doute par erreur, pour *la Légende de Prâkriti* parue dans votre numéro du 1er décembre. Il ne m'a pas paru de ma dignité d'accepter une somme aussi ridicule pour une contribution de cette importance qui ne comporte pas moins de 32 pages en texte serré. Du temps où j'écrivais dans *Commerce* elle m'aurait été payée au moins 3000 francs.

Si vous tenez à ma collaboration à la *N.R.F.*, vous devez me faire des conditions qui correspondent à ma position littéraire.

En attendant, je vous prie de suspendre la publication du «Jardin aride[1]».

Croyez, je vous prie, à mes sentiments amicalement dévoués

P. Claudel

---

1   Voir la lettre n° 39.

46. P. Claudel à J. Paulhan

Ambassade de France
en Belgique

20 déc[embre 19]33

Mon cher Paulhan

J'ai bien reçu votre lettre et vous remercie du chèque supplémentaire de 1500 fr. que vous indiquez l'intention de m'envoyer [*sic*].
Bien vôtre

P. Claudel

47. P. Claudel à J. Paulhan

Ambassade de France
en Belgique

27 janvier 1934

Mon cher Paulhan

Les catholiques, qui ne voient pas d'un bon œil ma collaboration à la
N.R.F., me font remarquer avec amertume que ma prose voisine fâcheu-
sement dans vos numéros avec une littérature qu'ils considèrent comme
obscène ou scandaleuse. En l'espèce pour la *Légende de Prâkriti* des
«pensées» de Paul Valéry[1] et pour *Le Jardin aride* quelque chose de M.
Julien Benda[2]. Je n'ai pas l'habitude de lire les productions de ces deux
écrivains et ne me sens aucun goût à faire les vérifications proposées. Je
ne veux ni ne peux non plus me faire le censeur de la *N.R.F.* Je tiens
seulement à vous faire remarquer amicalement que si vous m'imposez
des voisinages par trop criards, vous m'obligerez à réintégrer le silence.
J'avoue que je le regretterais, car d'après les lettres que j'ai reçues, je
vois que l'impression produite par la *Légende* a été profonde.

C'est simplement une question de tact sur laquelle j'appelle votre
attention. Ma collaboration à la *N.R.F.* n'est pas assidue: il ne doit pas

---

1 Ces «pensées» de Paul Valéry paraissent sous le titre général *Suite* dans le numéro de
décembre 1933 et s'intitulent respectivement: «Agnosie désirable», «Amour»,
«Amor», «Amor simple et complexe», «Univers nerveux», «Littérature» et «La vie
est un conte». Elles sont reprises sous le titre général *Tel quel* et le sous-titre *Suite*
dans: Paul Valéry, *Œuvres*, édition établie et annotée par Jean Hytier, Gallimard,
Bibliothèque de la Pléiade, 1960, tome II. Pour Paul Valéry, voir lettre n° 9, note 4.

2 Dans le numéro de *La N.R.F.* de janvier 1934 paraît le début de *Délice d'Eleuthère*
de Julien Benda (1867-1956), alors collaborateur régulier de *La N.R.F.* jusqu'en
1940. Dans *La trahison des clercs* publié en 1927, Benda critiquait l'engagement des
intellectuels. Il se brouilla avec Jean Paulhan vers 1947.

111

être difficile d'arranger de temps en temps un numéro où les catholiques n'aient rien à dire[3].

Croyez à mes meilleurs sentiments

P. Claudel

---

3   La formule est pour le moins maladroite, sinon fautive… Claudel, évidemment, veut signifier «où les catholiques n'aient rien à redire».

48. P. Claudel à J. Paulhan

Brangues par Morestel – Isère[1]

19 août [19]34

Mon cher Paulhan – Je vous envoie ci-joint copie de quelques vers que j'ai reçus d'une malade inconnue de l'Hôpital Bichat. Peut-être pourriez-vous les publier dans un petit coin de la *N.R.F.* Cela ferait un peu de réclame pour *Ecoute, ma fille*[2]!
Je vous serre la main

P. Claudel

---

1 Il s'agit d'une carte postale; les indications de lieu sont manuscrites.
2 *Ecoute, ma fille!* paraît aux éditions Gallimard, N.R.F., en 1934. Voir *J.* II, 63: «27 juin. Je reçois pour ma fête le premier volume de *Ecoute, ma fille!*», volume publié dans la «Collection Catholique», dédié «aux femmes et aux jeunes filles chrétiennes de France, de Belgique et du Canada». Ces «quelques vers» signés Jeanne Gourderot, 11 août 1934, paraîtront dans *La N.R.F.* du 1ᵉʳ octobre 1934, à la rubrique «Correspondance», sous le titre: «A Monsieur Paul Claudel»; ils sont introduits par cette phrase: «Paul Claudel nous communique la lettre suivante, qu'il vient de recevoir à propos d'*Ecoute ma fille!*».

49. P. Claudel à J. Paulhan

Brangues le 9 sept[embre 19]34[1]

Mon cher Paulhan – La proposition des *Lettres*[2] est intéressante, mais j'aimerais avoir un peu plus de détail [*sic*], qui dirige la *Revue*, si elle est vraiment sérieuse etc. *Judith* est une œuvre très importante que je ne voudrais pas confier à n'importe qui[3]. Dites donc aux *Lettres* de m'écrire[4]

Bien amicalement

P. Claudel

---

1 Il s'agit aussi d'une carte postale.
2 Voir la lettre n° 50, note 2.
3 Ce poème a paru pour la première fois dans *Mesures* (publication de la Librairie José Corti), n° 1, 15 janvier 1935 (voir *Po*, 1162); il a été repris ensuite en tête des *Aventures de Sophie*, 1937. Il se trouve dans les *Œuvres complètes* avec ce texte dans le tome XIX (Gallimard, 1962), repris dans *Po*, 783.
4 Voir la lettre suivante.

50. Paul Claudel à H. Church

Ambassade de France
en Belgique

Bruxelles, le 4 Octobre 1934

Monsieur Henri Church[1]
1, avenue Halphen
Ville d'Avray
(Seine et Oise)

Monsieur,

J'ai bien reçu votre lettre en date du 30 Septembre par laquelle vous m'invitez à vous envoyer mon poëme de *Judith* pour le numéro du 1er Janvier de la revue que vous fondez.

Vos conditions me conviennent.

Je vous envoie sous ce pli le poëme en question[2].

Croyez, je vous prie, à mes meilleurs sentiments et à ma meilleure sympathie[3]

P. Claudel

---

1 Henry Church (1880-1947), mécène américain, de culture très éclectique, publia lui-même poèmes, récits et pièces de théâtre. A sa mort, Jean Paulhan publia un hommage dans un numéro spécial de *Mesures* d'avril 1948 auquel participèrent Jules Supervielle, Henri Michaux, Edith Boissonnas, Roger Caillois et Jean Paulhan.

2 Voir la lettre précédente et la lettre suivante. – La revue *Mesures*, publiée après *Commerce*, parut de 1935 à 1940 sous la direction de Henry Church, Bernard Groethuysen, Henri Michaux, Jean Paulhan et Giuseppe Ungaretti. L'éditeur en fut Adrienne Monnier. Charles-Albert Cingria y collabora par la suite. Cette revue devait s'intituler *Lettres* avant de prendre le titre de *Mesures*. Le premier numéro de janvier 1935 comprit des textes de Balzac, Pouchkine, Pirandello, Robert Musil, Dorothy Richardson, G. M. Hopkins et Paul Claudel.

3 Alors que l'ensemble de la lettre est dactylographié, cette dernière expression est manuscrite.

51. J. Paulhan à P. Claudel

le 8 octobre 1934

Cher Paul Claudel[1],

Henry Church a dû partir brusquement pour l'Amérique et c'est moi qui dois vous remercier, à sa place, d'avoir bien voulu donner à *Lettres* *Judith* que je n'imaginais pas aussi splendide.

Je compte bien, quand elle aura paru, en citer des fragments au moins dans la *N.R.F.* Pourrai-je, sans vous être désagréable, la rapprocher, ou plus exactement l'opposer à la *Judith* de Giraudoux[2]. (Elle ne me paraît pas seulement plus belle mais terriblement plus vraie).

Je suis votre très attaché.

---

1 Il s'agit d'une lettre entièrement dactylographiée et non signée.

2 La *Judith* de Giraudoux avait paru en 1931 et fut représentée en novembre de la même année, montée par Jouvet au Théâtre Pigalle; c'est en protestation contre la vision de Giraudoux que Claudel écrivit le poème *Judith* daté du 17 décembre 1931. Voir *J.* I, 978 et *Po*, 1162: «Ce dernier [Giraudoux] réalise bien le littérateur égrillard et voltairien qui est la figure dominante de notre littérature» (lettre à Darius Milhaud du 16 décembre 1931). Voir à ce sujet, Dominique Millet-Gérard, *Anima et la Sagesse*, Paris, Lethielleux, 1990, pp. 453-463 et 679-680. Voir aussi Catherine Mayaux, «Exégèse et poésie: le cas de Judith», actes du colloque «L'écriture de l'exégèse dans l'œuvre de Paul Claudel», sous la direction de Didier Alexandre, Toulouse, mars 2001, à paraître aux Annales littéraires de l'Université de Franche-Comté.

52. P. Claudel à J. Paulhan

Ambassade de France
en Belgique

10 octobre [19]34

Mon cher Paulhan

Vous ne vous êtes pas trompé. *Judith* m'a en effet été inspirée par l'indignation que m'avait causée la polissonnerie de Gir[audoux][1].
Je ne vois aucun inconvénient à ce que vous reproduisiez des extraits de mon poëme, une fois qu'il aura paru[2].
Je vous serre amicalement la main

P. Cl.

1   Voir la lettre n° 51, note 2, et la lettre de Paul Claudel à Darius Milhaud du 19 novembre 1931: «Cette semaine le même journal [*Le Temps*] m'apporte le compte rendu de la nouvelle pièce du théâtre Pigalle: *Judith* de Giraudoux, une pièce encore plus dégoûtante que la première, en ce qu'elle ajoute le blasphème à la malpropreté. [...] J'envisage avec dégoût la possibilité que l'on fasse alterner *L'Annonce* avec l'immonde ordure de Giraudoux» (*Cahiers Paul Claudel*, n° 3, Gallimard, 1961, p. 192).
2   Le début et les derniers vers de *Judith* seront publiés dans *La N.R.F.* du 1er février 1935 à la rubrique «Revue des revues» (p. 315), introduits par ces lignes: «De *Judith*, célèbre et inconnue, l'on savait seulement que Paul Claudel l'avait écrite en réplique à la *Judith* de Jean Giraudoux. C'est un poème de cent cinquante versets, que nous apporte le premier numéro de la jeune revue *Mesures*.»

53. P. Claudel à J. Paulhan

Ambassade de France
en Belgique

Bruxelles le 11 nov[embre 19]34

Mon cher Paulhan

Je réponds à votre lettre.

1° Pour Gerard Manley Hopkins[1], impossible. C'est vraiment trop difficile à traduire.

2° Je vous envoie le *Marchand de Colombes, Parabole*[2]. Mais je vous demande instamment de ne pas m'infliger dans ce numéro des voisinages comme celui des méditations érotiques de M. Benda, auprès de la *Légende de Prâkriti*, qui m'ont valu bien des ennuis[3]. C'est d'ailleurs votre intérêt si vous voulez que ce numéro ait une large diffusion.

Croyez, je vous prie, à mes sentiments les plus amicaux.

P. Claudel

---

1 Poète anglais (1844-1889), membre de la Compagnie de Jésus. Son œuvre ne parut qu'en 1918 grâce à Robert Bridges. Ses poèmes sont en général brefs et leur symbolisme relie la tradition chrétienne aux mythes universels. «Epitalamion», «L'Echo d'or», «Le Faucon», «Le Naufrage du Deutschland», figurent parmi ses poèmes les plus inspirés. Il fut de ceux qui influencèrent le plus fortement la poésie anglaise d'après 1920. Pour la première livraison de *Mesures*, Jean Paulhan cherche un traducteur capable de se mesurer à Hopkins: c'est là la demande que refuse Claudel, sur laquelle il est permis cependant de rêver...

2 «Le Marchand de colombes», daté du 16 février 1933, a paru pour la première fois dans *La N.R.F.* en février 1935. Ce texte religieux prit place ensuite dans l'ensemble *Figures et paraboles* (Gallimard, 1936); ainsi discerne-t-on autour de l'image de la colombe deux sens: d'une part elle renvoie à l'oiseau qui anime le quai de la Mégisserie et d'autre part elle est le symbole traditionnel de l'Esprit Saint. Peu auparavant, Claudel avait mis en scène son *Livre de Christophe Colomb* qui relève du même symbole.

3 Voir la lettre n° 47.

123

54. P. Claudel à J. Paulhan

Ambassade de France
en Belgique

Bruxelles, le 5 Décembre 1934

Mon cher Paulhan[1],

J'ai bien reçu votre lettre du 3 courant en même temps que les épreuves. Ces «Mystères galants» dont vous me parlez ne me plaisent pas du tout. Ne serait-il pas possible de faire un numéro entier de votre revue où il n'y ait ni impiétés, ni malpropretés[2]? Croyez, je vous prie, à mes meilleurs sentiments.

P. Claudel

---

1 Cette lettre est entièrement dactylographiée; elle est adressée à Monsieur Paulhan, 29, Avenue Jean Jaurès, Chatenay-Malabry (Seine). Jean Paulhan s'était en effet installé à Chatenay-Malabry au printemps de 1932. Voir *Jean Paulhan. La vie est pleine de choses redoutables, op. cit.*, p. 254.

2 En tête du numéro de *La N.R.F.* de janvier 1935 paraît un article signé J. C., intitulé «Les Mystères galans des théâtres de Paris» précédé d'une introduction par Jacques Crépet intitulée «Du Baudelaire inconnu». Ayant découvert un texte anonyme, Jacques Crépet s'est livré à des recherches minutieuses sur son auteur, et il en livre le résultat dans sa présentation. Ainsi apprit-il que ce texte avait pour titre primitif *Les Actrices galantes*, et qu'il avait été publié chez Le Gallois. Cependant, Hermione Rachel ayant intenté à l'éditeur un procès pour allégations calomnieuses, l'auteur changea de titre et le nom de l'éditeur disparut. Des rapprochements effectués entre certains vocables et des associations de mots de cet ouvrage et des textes baudelairiens, Jacques Crépet conclut que si Baudelaire n'est pas l'auteur de ce recueil, du moins y a-t-il largement contribué. Dans ce numéro de *La N.R.F.* ne sont publiés que des fragments des *Mystères galans*; ils s'ouvrent sur les anecdotes scandaleuses de «Coulisses», de «Célimène II» et de «L'Histoire d'Hère-Mignonne» (sous ce calembour Hermione Rachel n'a pas eu de peine à se reconnaître). Si «Histoire d'une guitare» est exempte de scènes osées, les biographies de l'académicien Viennet et du poète François Ponsard n'en sont pas moins fort humoristiques et polémiques. Le texte complet est repris dans les *Œuvres complètes* de Baudelaire éditées par Claude Pichois (Pléiade, 1976, tome II, p. 983): dans cette dernière publication, «galans» devient «galants». Voir aussi Baudelaire et ***, *Mystères galans du théâtre de Paris*,

125

avec une introduction et des notes de Jacques Crépet, Paris, Gallimard, 1938, 219 p. – Rappelons que «Le Marchand de colombes» paraîtra dans le numéro suivant de *La N.R.F.*

55. P. Claudel à J. Paulhan

Ambassade de France
en Belgique

8 déc[embre 19]34

Mon cher Paulhan

Je vous renvoie d'autre part les épreuves de *Judith* et du *Marchand de colombes.*
J'ai lu avec intérêt l'article de Schlumberger dans la Revue et la note que vous y avez adjointe[1]. Il faut bien avouer que jusqu'à ce jour les tendances Gidiennes pouvaient paraître largement prédominantes chez vous.
Bien amicalement

P. Claudel

---

1 Jean Schlumberger (1877-1968, écrivain et essayiste, de famille protestante). Voir la lettre n° 13, note 6. Aucun article de Jean Paulhan n'ayant été répertorié dans *La N.R.F.* en 1934, il y a lieu de croire que l'envoi du numéro de décembre était accompagné d'une note manuscrite de ce dernier à Paul Claudel. Jean Schlumberger, dont l'article s'intitule «Note sur la politique» (*N.R.F.*, 1ᵉʳ décembre 1934), pose le problème de la politique que doit adopter une revue littéraire face à l'actualité. Le premier point de cette politique consiste à observer «la charte de neutralité qu'on suppose à la base d'un programme délibérément littéraire» (p. 866). Il n'est donc pas question de «passer sous silence les mouvements de pensée ou de passion qui sont à la naissance des œuvres» (p. 871). En conséquence, la revue a le devoir de laisser la porte ouverte aux tendances contradictoires. Ainsi en est-il de l'article du mois de novembre consacré au congrès des écrivains soviétiques reprenant, entre autres, le message d'André Gide (p. 749), tandis que dans celui du mois de décembre, André Suarès s'en prend à l'hitlérisme (p. 851). En somme la revue se conçoit comme un lieu de dialogue. Or on connaît le goût de Claudel pour les controverses. Dès 1925, il privilégie la forme dialoguée dans ses œuvres en prose. Ainsi fait-il dire à l'un des interlocuteurs des *Conversations dans le Loir-et-Cher* (composé entre 1925 et 1928): «Ce que j'aime avec vous, c'est que vous comprenez que la conversation est une recherche et que vous ne prenez pas mes suggestions pour des thèses absolues et définitives. Souvent une idée sotte ou banale ou folle ou fausse est nécessaire parce

qu'elle est une étape vers quelque chose de réellement important.» (*Pr*, 791) Pour
Claudel, la forme dialoguée est aussi une manière de mettre l'accent sur ses propres
contradictions et d'instaurer un dialogue avec lui-même.

56. P. Claudel à J. Paulhan

Ambassade de France
en Belgique

29 déc[embre 19]34

Mon cher Paulhan

Le jeu d'épreuves de *Judith* que vous me renvoyez est précisément celui que je vous avais adressé – corrigé par moi. J'y joins donc simplement mon

Bon à tirer

Bien amicalement

P. Claudel

57. J. Paulhan à P. Claudel
et P. Claudel à J. Paulhan

MESURES[1]

le 7 février [1935][2]

Cher Paul Claudel,

c'est à vous que je dois, je pense, le beau poème[3] que Francis Jammes[4] m'envoie pour la *N.R.F.* Je vous en remercie.

L'on me parle de tous côtés de *Judith.* «Indiciblement beau», m'écrit Cingria[5]. (La Sorbonne elle-même, et la Suisse semblent remuées).

Je suis votre fervemment attaché

Jean Paulhan

---

1 Voir la lettre n° 50.

2 La mention de l'année a été ajoutée après coup d'une main inconnue.

3 Le poème de Jammes intitulé *Alouette* paraît dans les numéros de *La N.R.F.* de mars, avril et mai 1935.

4 Le poète et romancier Francis Jammes (1868-1938) s'était converti au catholicisme en 1905 sous l'influence de Claudel. Claudel et Jammes entretenaient une relation épistolaire depuis mai 1897 (Paul Claudel – Francis Jammes – Gabriel Frizeau, *Correspondance 1897-1938*, préface et notes par André Blanchet, Gallimard, 1952, p. 25). Dans sa lettre à Jammes du 5 février 1935 (*op. cit.*, p. 351), Claudel écrit: «Je suis charmé de vous voir finalement embarqué à mes côtés sur la galère Gallimardesque. Espérons qu'à nous deux nous réussirons à assainir quelque peu cette atmosphère passablement sulfureuse. Je me réjouis beaucoup de lire votre grand poëme». Claudel écrira plusieurs textes sur son ami, notamment en octobre 1937, «Salut à Francis Jammes» (*Pr*, 544), en novembre 1938, «La Mort de Francis Jammes» (*Pr*, 546), une «Conférence sur Francis Jammes» en janvier 1939 (*Pr*, 547) et une «Introduction à Francis Jammes» le 21 février 1943 (*Pr*, 565).

5 Voir les lettres n° 38 et n° 49. Dans une lettre de décembre 1934, Cingria écrit à Paulhan: «Je suis très excité par ce que vous me dites de ‹Mesures›. J'espère, entre parenthèses, que cette *Judith* de Claudel sera comme une Judith doit être, c'est-à-dire démesurée» (Cingria, *Correspondance générale, op. cit.*, tome IV, p. 98). En revanche, nous n'avons pas retrouvé la lettre de Cingria à laquelle Paulhan fait allusion.

57 bis. P. Claudel à J. Paulhan[1]

Merci de votre sympathie qui me fait plaisir. J'ai aussi écrit une *Esther* et je vais commencer un *Tobie*. Le tout pourra faire un recueil que j'appellerai *les Aventures de Sophie*[2].

P. Cl.

1   Paul Claudel a répondu à Paulhan sur sa propre lettre.
2   «Le Livre d'Esther», daté du 8 novembre 1934, paraît dans *La N.R.F.* en novembre 1935; «Le Livre de Tobie», daté d'août 1935, paraît dans *La Vie intellectuelle* des 25 mars et 10 avril 1936. Le recueil *Les Aventures de Sophie* paraîtra chez Gallimard en 1937, repris dans les *Œuvres complètes* de Paul Claudel, tome XIX, «Commentaires et exégèses I», Gallimard, 1962, pp. 9 à 177 (*O.C.* XIX).

58. P. Claudel à J. Paulhan

Ambassade de France
en Belgique

27 fév[rier 19]35

Mon cher Paulhan

Je n'ai pas d'objection à donner *Esther* à la *N.R.F.* Toutefois je dois vous dire que cette étude est rédigée sur un ton plus grave que mes communications précédentes et qu'elle est longue (à peu près les dimensions de *Prâkriti*). De plus il me faudra le temps de la recopier. Je ne pourrais donc vous l'envoyer avant 2 ou 3 mois.

Pour *Mesures* je pourrais envoyer *Trois Poëmes mystiques* que je viens d'écrire (8 ou 10 pages). Titres:

Ne timeas Maria
Agar ancilla Saraï unde venis?
Tange sceptrum Esther[1]

Bien amicalement

P. Claudel

---

1   Ces trois poèmes paraîtront dans *Mesures* le 15 juillet 1935 (repris dans *Po*, 828, 829 et 831). Claudel écrit donc, sensiblement dans la même période, deux textes sur Esther, d'une part un poème, «Tange sceptrum, Esther» (achevé le 18 septembre 1934), dans lequel le personnage est associé à deux autres figures féminines et mystiques, la Vierge Marie et la mère d'Ismaël, Agar; d'autre part un long commentaire de forme prosaïque, *Le Livre d'Esther* (achevé le 8 novembre 1934). Voir à ce sujet Dominique Millet, *Le Livre d'Esther*, notes dans *Le Poëte et la Bible, op. cit.*, pp. 1519 et *sq.* Voir aussi, du même auteur, *Anima et la Sagesse, op. cit.*, pp. 464-474.

59. P. Claudel à J. Paulhan

Ambassade de France
en Belgique

Bruxelles le 30 mars [19]35

Mon cher Paulhan

C'est donc entendu. Je vous enverrai prochainement

Trois Poëmes mystiques

Quant à *Esther*, il me faut le temps de la recopier et ce sera assez long.
Les injures, ou plutôt les hoquets, de Charles Maurras me laissent indifférent[1].
Je vous serre la main

P. Claudel

---

1 Claudel venait le 28 mars de présenter pour la première fois sa candidature à l'Académie Française, mais l'écrivain Claude Farrère lui fut préféré. Il sera cependant élu en 1946. Charles Maurras (1868-1952) écrivait des articles dans le quotidien d'extrême-droite, *L'Action française*, fondé en 1908. C'est dans ce journal que Claudel a pu lire l'article de Maurras: «Cette élection est la défaite à la fois de Claudel, du Nonce, du Romantisme. [...] L'arrière-faix d'un romantisme périmé s'est jugé et condamné par son adhésion à tout ce qui était germanique d'esprit, de goût, de volonté...» (cité dans *J.* II, 593 et dans Gérald Antoine, *op. cit.*, p. 270). Une haine farouche opposera les deux hommes tout au long de leur vie, notamment à partir de la guerre pendant laquelle Charles Maurras adoptera les idées et l'attitude que l'on sait sous l'occupation allemande. En janvier 1945, Claudel comparaîtra comme témoin à charge au procès de Maurras (*J.* II, 508-509); quant à Maurras, il attaquera Claudel à la suite d'un article paru dans le *Figaro littéraire* du 16 novembre 1946 (voir *J.* II, 584 et 765). Dans son *Journal*, Claudel qualifie Maurras par des épithètes injurieuses: à la date du 9 juin 1938, par exemple: «Charles Maurras élu à l'Académie Française par 20 voix contre 12 à Fernand Gregh. Les deux ordures ont fait conjonction» (*J.* II, 237); en septembre 1942: «Le mot ‹méchant› en français a deux sens. On dit ‹un méchant écrivain› et un ‹méchant homme›. Dans cette double acception ce terme ne saurait s'appliquer plus parfaitement qu'à M. Charles Maurras» (*J.* II, 414-415). On trouvera encore le même type de commentaires dans le

témoignage, daté du 28 octobre 1944, que Claudel envoie au Juge d'instruction dans l'affaire Maurras, ainsi que dans une lettre à Paul Valéry datée du 30 octobre 1944, à propos de la même affaire (*J.* II, 497 à 500): «Dernièrement Georges Duhamel me sollicita de poser à nouveau ma candidature [à l'Académie Française]. J'acceptai, mais à la condition expresse que l'Académie prît à l'égard d'un homme que je considère comme le plus grand des scélérats les mesures d'exclusion qui à mon avis s'imposaient.» et «Devant les instances, disons plutôt les supplications de notre ami Duhamel, et malgré ma vive répugnance, j'avais accepté de poser cette candidature: mais j'y avais mis une condition *sine qua non* […]. Il m'était impossible d'accepter d'être le collègue de cette immonde canaille.» Après la mort de Charles Maurras en novembre 1952, ses héritiers poursuivront le procès contre Claudel, jusqu'à la mort de ce dernier (voir *J.* II, 828).

60. P. Claudel à J. Paulhan

Hôtel Majestic[1]

8 juin [19]35

Mon cher ami

Ci-joint *Esther* que v[ous] m'avez d[eman]dée.
Puis-je vous prier de faire parvenir les épreuves ci-jointes à *Mesures* dont j'ai égaré l'adresse?
De tout cœur

P. Cl.

---

1   Sa carrière diplomatique étant terminée, Claudel est de retour en France le 1ᵉʳ juin. Il s'installe à l'Hôtel Majestic à Paris où il prend l'appartement 435 pour quelques jours (jusqu'au 13 juin, date de son départ pour Brangues). Voir *J.* II, 94-96.

61. P. Claudel à J. Paulhan

Château de Brangues
Morestel
Tél. N° 2 Brangues
Isère

Le 12 août [19]35

Mon cher Paulhan

Un jeune professeur de philosophie de Rodez, M. Pierre Gardère, a écrit un essai que je trouve très intéressant sur un aspect de mon œuvre assez peu connu en France, mais qui a été très étudié en Allemagne et y a exercé une influence notable. Je veux parler de mes idées philosophiques et scientifiques. M. Gardère émet à ce sujet un certain nombre de considérations que je ne fais pas toutes miennes mais qui par leur originalité sont de nature à remuer l'intérêt de votre public. Voyez donc si vous pourriez le publier[1]

Je vous serre la main

P. Claudel

---

1 Pierre Gardère avait écrit dans *La Vie intellectuelle* du 25 avril 1935, un article où l'«univers passionné» de Claudel était comparé au «monde sentimental» de Jacques Chardonne. Il s'agissait d'un article sur l'*Art poétique* (voir *J.* II, 99-100 – 19 juillet 1935 – et 942). Aucun essai de lui n'a été publié dans *La N.R.F.*

62. P. Claudel à J. Paulhan

Château de Brangues
Morestel
Tél. N° 2 Brangues
Isère

Le 25 sept[embre 19]35

Mon cher Paulhan

Attendons donc novembre[1]. Je suis ici jusqu'à la fin du mois. A partir du 1er nov[embre] mon adresse sera 11 bis rue Jean Goujon[2].

Je n'ai aucune objection à ce que vous réalisiez le numéro d'*hommage*[3] en question et au contraire je vous en suis reconnaissant, mais je crois que le mieux est de vous en laisser complètement l'élaboration et la responsabilité.

Bien amicalement vôtre

P. Claudel

---

1 Nous n'avons pas trouvé l'explication de cette allusion.
2 Après son séjour à Brangues, Claudel est de retour à Paris le 24 octobre où il s'installe provisoirement à l'Hôtel Lincoln avant de prendre son nouvel appartement, le 5 novembre, rue Jean Goujon (*J.* II, 112-113). Le 30 septembre 1938, il emménagera au 4 avenue Hoche (*J.* II, 247).
3 Ce numéro d'hommage à Paul Claudel paraîtra en décembre 1936: voir la lettre n° 68.

63. P. Claudel à J. Paulhan

11 bis, rue Jean Goujon. VIII°
Balzac 26-16

le 27 février [19]36

Mon cher Jean Paulhan

L'Intransigeant[1] m'ayant demandé une communication radiophonique, j'ai rédigé le feuillet suivant qu'il vous intéressera peut-être d'insérer dans les petites pages de la *N.R.F.*[2]
Croyez, je vous prie, à mes sentiments les plus amicaux

P. Claudel

---

1   Quotidien politique fondé à Paris, en juillet 1880, par Henri Rochefort; la tendance du journal évolua avec son directeur, qui passa du socialisme au boulangisme. En 1905, il fut racheté par Léon Bailby qui en fit le plus grand quotidien du soir de Paris. La partie politique, d'un nationalisme étroit, était dirigée par Jean Fabry. Le journal compta parmi ses collaborateurs Alain-Fournier, Max Jacob, Apollinaire. Il fut ensuite racheté par L. Louis-Dreyfus en 1932, puis par Jean Prouvost en 1936 et par Ribardière en 1938. Il cessa de paraître en juin 1940.
2   Un petit texte signé de Paul Claudel intitulé «Opinion pour l'éther» paraît dans *La N.R.F.* d'avril 1936 dans la rubrique «L'air du mois» et semble répondre à la question posée par le journal: «Qu'est-ce que l'art? Qu'est-ce que la poésie?»; une note indique que Claudel répond à un article paru dans *L'Intransigeant*. Ce texte est daté du 21 février 1936. (Voir *Pr*, 49.)

64. P. Claudel à J. Paulhan

6 rue César Franck[1]
Dragon 58-98

Le 3 avril [19]36

Mon cher Paulhan

Je vois que la *N.R.F.* annonce un «*Hommage à Paul Claudel*»[2]. Si vous le jugez à propos, je pourrais vous fournir pour ce numéro un inédit d'une vingtaine de pages environ[3].
Bien amicalement

P. C.
(11 bis rue Jean Goujon)

---

1 Le 2 avril, Claudel s'était rendu à Marseille par avion, chez sa fille aînée, Marie, épouse de Roger Méquillet. Voir *J.* II, 137.

2 L'annonce paraît pp. 144-145 du premier fascicule de réclame dans *La N.R.F.* du 1er avril 1936 (24e année, n° 271).

3 Il s'agit du «Commentaire sur le psaume 147»: voir la lettre n° 69.

65. P. Claudel à J. Paulhan

11 bis, rue Jean Goujon. VIII°
Balzac 26-16

le 17 avril [19]36

Mon cher Paulhan

Je suis désolé de la nouvelle inattendue que vous m'apprenez. Thibaudet était un critique de beaucoup d'idée et d'information [*sic*], quoiqu'avec le défaut universitaire de mettre tout à peu près sur le même plan. C'est une grosse perte pour la *N.R.F.*[1]

Croyez, je vous prie, à mes meilleurs sentiments

P. Claudel

---

1 Albert Thibaudet, né en 1874, formé à la philosophie par Bergson, professeur de littérature française à l'Université de Genève et critique réputé, assurait la rubrique «Réflexions» à *La N.R.F.* Il est l'auteur de *La Poésie de Stéphane Mallarmé* (1912), de *Flaubert* (1922), de *Le Bergsonisme* (1923), de *La République des professeurs* (1927), de *Physiologie de la critique* (1930), de *Stendhal* et de *Les Idées politiques de la France* (1931); son *Histoire de la littérature française de 1789 à nos jours* fut achevée, après sa mort, d'après ses notes (Jean Paulhan en fut l'exécuteur testamentaire). Il collaborait également au *Journal de Genève*. Il venait de mourir le 16 avril 1936. Le numéro de juillet de *La N.R.F.* lui sera consacré: Henri Bergson, Paul Morand, André Maurois et Léon-Paul Fargue, entre autres, participent à ce numéro d'hommage. Claudel n'y participe pas.

66. P. Claudel à J. Paulhan

Château de Brangues
Morestel
Tél. N° 2 Brangues
Isère

le 25 juin [19]36

Mon cher Paulhan

Je vous envoie sous ce pli pour la *N.R.F.* un petit essai intitulé *Ossements*[*][1]. Je vous en réserve un autre pour le numéro d'hommage que vous m'avez annoncé (ce dernier ne comporterait aucune rétribution)[2]

Croyez, je vous prie, à mes sentiments les plus dévoués

P. Claudel

[*] faisant suite à *la Légende de Prâkriti*

---

1 «Ossements» a été publié pour la première fois à *La N.R.F.* en septembre 1936. Il a été repris par la suite dans *L'Œil écoute* publié en 1946.
2 Voir la lettre n° 64.

67. P. Claudel à J. Paulhan

Brangues par Morestel[1]
Isère

le 18 août [19]36

Mon cher Paulhan

Je n'ai aucune objection à *rien de moins* si cette friandise grammaticale vous réjouit.

Il faut lire en effet *Œcolampade*[2] – c'est la traduction grecque, à ce que j'imagine, du patronyme allemand Hauslicht[3] – un de ces théologiens de la Réforme qui rendent tripes et boyaux sous les pieds formidables de Bossuet! – Οἴχου λαμπας

J'espère que v[ous] arriverez un jour ou l'autre à aimer mes petits vers q[ui] ont le grand mérite de m'amuser. V[ous] en trouverez prochainement une nouvelle brochette sous forme de traduction de *dodoitsu* japonais[4].

Bien affectueusement

P. Claudel

---

1 L'en-tête du papier à lettres portant mention de l'adresse «11 bis, rue Jean Goujon. VIII» a été barrée et remplacée par cette indication manuscrite.

2 *Ossements*, «rien de moins» (*Pr*, 970), «Œcolampade» (*Pr*, 980): Jean Hausschein, ou Husgen (1482-1531), qui se fit appeler, en grécisant son nom, Œcolampade, fut influencé par les idées de Luther.

3 Œcolampade composé à partir des termes grecs «οῖκος», la maison et de «λαμπάς ἀδος», le flambeau, transcrit très exactement le composé allemand «Hauslicht» et signifie «lumière de la maison».

4 Ces poèmes, dont l'ensemble est intitulé *Dodoitzu* ou *Dodoitsu*, furent composés en août 1936 et publiés dans la revue de Paris, le 15 novembre 1936. Une édition en volume sous le titre *Dodoitsu* paraîtra en 1945 aux éditions Gallimard, avec des illustrations en couleur de Rikadou Harada. Les poèmes furent repris dans les *Œuvres complètes*, tome IV, p. 265 (voir *Po*, 753 et 1153). Dès la publication dans la *Revue de Paris*, Claudel précise par une note: «Ces poèmes sont très librement adaptés ou inspirés de compositions paysannes, dites *dodoitsu*, dont M. Georges Bonneau, professeur à l'institut franco-japonais de Tokyo, a publié un recueil infiniment

précieux.» Le *dodoitsu* se définit d'après Georges Bonneau comme un poème de vingt-six syllabes, «composé de trois heptasyllabes et d'un pentasyllabe final». Il «est le mode d'expression naturel» de la poésie paysanne japonaise. On trouve plusieurs ouvrages de Georges Bonneau dans la bibliothèque de Paul Claudel à Brangues, dont: *Anthologie de la poésie japonaise* (1935); *L'Expression poétique dans le Folk-Lore japonais* (1933): vol. I, *Poètes et Paysans: le vingt-six syllabes de formation savante*, vol. II, *La Tradition orale de forme fixe: la chanson de vingt-six syllabes*, vol. III, *Tradition orale et formes libres: la chanson du kyûshû*; *La Forêt des symboles* (1933); *Le Haiku* (1935); *Le Kokinshû* (3 volumes, 1933-1934); *Lyrisme du temps présent* (1935); *Rythmes japonais* (1933); *La Sensibilité japonaise* (1934). Tous ces ouvrages sont publiés à la librairie orientaliste Paul Geuthner. Voir *Catalogue de la bibliothèque de Paul Claudel, op. cit.*, p. 24. Rappelons que Jean Paulhan s'était lui-même beaucoup intéressé aux Hain-tenys malgaches et aux Haï-kus japonais (voir la lettre n° 104). Le numéro de *La N.R.F.* du 1ᵉʳ septembre 1920 avait été consacré aux «haï-kaïs», avec des poèmes de Paul-Louis Couchoud, Julien Vocance, Georges Sabiron, Pierre Albert-Birot, Jean-Richard Bloch, Jean Breton, Paul Eluard, Maurice Gobin, Henri Lefebvre, Albert Poncin, René Maublanc et de Jean Paulhan lui-même.

68. P. Claudel à J. Paulhan

Brangues par Morestel[1]
Isère

27/8/36

Mon cher Paulhan

Je pense au numéro d'Hommage que vous voulez me consacrer et je me demande si vous ne feriez pas mieux d'attendre mes 70 ans[2]? (J'en ai 68). D'ici là j'aurai publié des ouvrages très importants qui renouvelleront l'idée que le public se fait de moi[3].
Je vous serre affectueusement la main

P. Claudel

---

1   Comme dans la lettre précédente, l'en-tête du papier à lettres portant mention de l'adresse «11 bis, rue Jean Goujon. VIII°» a été barrée et remplacée par cette indication manuscrite.

2   Le numéro d'Hommage à Paul Claudel, intitulé: «Grandeur de Paul Claudel», paraît cependant en décembre 1936. Y participent Francis Jammes, Charles-Ferdinand Ramuz, Jean Schlumberger, Louis Massignon, Charles-Albert Cingria, Wladimir Weidlé, Charles Du Bos et Denis de Rougemont.

3   Le dépôt légal de *Figures et paraboles* (Gallimard) est daté du 10 octobre 1936; *Les Aventures de Sophie* seront publiées chez Gallimard en 1937; *Un Poète regarde la croix* (Gallimard) paraîtra en février 1938 (*J.* II, 222-223); *Du sens figuré de l'Ecriture* sera également publié en 1938. Le copyright de *L'Epée et le Miroir* (Gallimard) est daté de 1939.

69. P. Claudel à J. Paulhan

11 bis, rue Jean Goujon. VIII°
Balzac 26-16

le 18 octobre 1936

Mon cher Paulhan

Je vous envoie sous ce pli un «Commentaire du psaume 147». Voyez s'il vous convient pour le numéro que vous préparez[1].

Madaule[2] est venu hier pour me dire qu'une petite revue «Yggdrasil» dirigée par un nommé Raymond Schwab[3] préparait de son côté[4] un «hommage» parallèle et venait me demander également une contribution. Etes-v[ous] au courant et verriez-vous un inconvénient à cette accession de ma part?

Je vous serre bien amicalement la main

P. Claudel

---

1   Le «Commentaire sur le psaume 147» paraîtra dans le numéro d'Hommage consacré à Claudel en décembre 1936. Il est repris dans les *Œuvres complètes* de Paul Claudel, tome XIX, *op. cit.*, pp. 141 à 156 des *Aventures de Sophie* (*O.C.* XIX).

2   Jacques Madaule (1898-1993), professeur et critique, a consacré deux ouvrages importants à Paul Claudel (celui-ci en écrivit les préfaces): *Le Génie de Paul Claudel* (1933) et *Le Drame de Paul Claudel* (1936). L'importante correspondance qu'échangèrent Paul Claudel et Jacques Madaule (1929-1954) a été publiée aux éditions Desclée de Brouwer sous le titre *Connaissance et reconnaissance* (texte établi et présenté par Andrée Hirschi et Pierre Madaule, 1996). Dans une lettre du 30 novembre 1936, Claudel écrit à Madaule: «Merci, cher ami, de vos pages dans *Yggdrasil* qui sont parmi les meilleures de celles que vous avez écrites» (*op. cit.*, p. 267). Le premier numéro d'*Yggdrasil* parut le 25 avril 1936. Claudel lui-même publia dans cette revue «Le Monastère *in corde maris*» et «Avec les Anges» le 25 novembre 1936 (voir la note de la lettre n° 71) et des «Lettres à Elémir Bourges» en juillet 1937.

3   Raymond Schwab publie en 1948 chez Stock *La Vie d'Elémir Bourges* et en 1950, *La Renaissance orientale*. Dans son *Journal* (II, 632), en mars 1948, Claudel écrit: «L'Inde (Raymond Schwab). Nous sommes sur une terre de dieux aux dix bras engagés dans des actes simultanés et contradictoires».

4   «de son côté» a été ajouté dans l'interligne supérieur.

70. P. Claudel à J. Paulhan

11 bis, rue Jean Goujon. VIII°
Balzac 26-16

le 20 octobre [19]36

… Mais, mon cher Paulhan, je vous ai précisément envoyé dimanche dernier mon «Commentaire sur le Psaume 147». Dites-moi vite si vous l'avez reçu.
Amicalement

P. Claudel

71. P. Claudel à J. Paulhan

11 bis, rue Jean Goujon. VIII°
Balzac 26-16

le 23 octobre [19]36

Mon cher Paulhan

Je n'ai pas de poëme pour *Mesures*, mais en fouillant dans mes papiers j'y trouve deux ou trois *essais* (une trentaine de pages en tout: «A la rencontre du printemps», «Le Monastère *in corde maris*», «Avec les Anges»[1]). Cela ferait-il l'affaire?
Bien amicalement

P. Claudel

---

1   «A la rencontre du printemps», daté du 23 avril 1936, paraît dans *La N.R.F.* en mai 1937; dans *Pr*, 939, la date de composition d'«Avril 1937» est une erreur. «Le Monastère *in corde maris*» est daté des îles de Lérins, le vendredi saint 1936; il paraît dans *Yggdrasil*, le 25 novembre 1936 et sera réimprimé dans *Mesures*, le 15 janvier 1937, en tête du sommaire; il est repris dans les *Œuvres complètes*, tome XVI, p. 368. «Avec les Anges», non daté, paraît également dans *Yggdrasil*, le 25 novembre 1936, à la suite du précédent; il fut vraisemblablement écrit en avril 1936 à l'abbaye de Lérins où Claudel a séjourné du 8 au 12 avril (*J.* II, 138-140); il est repris dans *S.* I, 172. A propos de Claudel et la question des anges, voir la notice de Xavier Tilliette, «Notes sur les Anges», dans *Le Poëte et la Bible, op. cit.*, p. 1381.

72. P. Claudel à J. Paulhan

le 16 nov[embre 19]36

Cher Paulhan

Voici les épreuves corrigées

Je ne doute pas que toutes les études dont vous parlez ne soient remarquables et je vous remercie de tout cœur du soin avec lequel vous avez tissé cette guirlande[1].

Je vais beaucoup mieux et les docteurs affirment que je serai sur pied pour la Noël[2]

A vous affectueusement

P. Claudel

---

1 Claudel fait allusion au numéro d'Hommage qui lui est consacré, publié en décembre 1936 (voir la lettre n° 68).

2 Claudel sort d'une période de grande fatigue pendant laquelle il a dû observer un repos complet. «On m'a fait hier ma première transfusion, mais l'œuvre de restauration sera longue. Je n'avais plus que 2 200 000 globules au lieu de 5 millions!», écrivait-il à Françoise de Marcilly le 1ᵉʳ octobre (Paul Claudel, *Lettres à une amie. Correspondance avec Françoise de Marcilly*, éditée et annotée par Xavier Tilliette, Bayard, 2002, p. 63).

73. P. Claudel à J. Paulhan

11 bis, rue Jean Goujon. VIII°
Balzac 26-16

le 2 décembre 1936

Mon cher Paulhan

C'est magnifique! L'hommage de la *N.R.F.* dépasse tout ce que j'attendais et chacun de vos collaborateurs a trouvé à dire sur mon œuvre des choses belles, profondes et originales. La sympathie est décidément le meilleur des guides en critique. Les pages de Jammes sont un admirable poëme. Et quel est ce Weidlé dont l'étude sur ma forme dramatique est si juste et si intéressante[1]?

Je serais bien ingrat, si je ne vous remerciais avant tous, mon cher Paulhan, vous qui avez été le metteur en train magistral de cette belle manifestation qui honore et réjouit ma vieillesse!

De tout cœur

P. Claudel

---

1 L'étude de Wladimir Weidlé sur Claudel s'intitule «L'éclosion du drame». Né en 1895 à Saint-Pétersbourg, Wladimir Weidlé quitta la Russie en 1924. Professeur de philosophie et d'histoire de l'art, il avait déjà collaboré au numéro d'hommage à Paul Claudel de *La Vie intellectuelle* du 10 juillet 1935. Il est l'auteur de *Les Abeilles d'Aristée, Essai sur le destin actuel des Lettres et des Arts*, Desclée de Brouwer, 1936, et de *La Russie absente et présente*, Gallimard, 1949. Voir *J.* II, 175, à la date du 2 janvier 1937, Claudel écrit: «Visite du Russe Wladimir Weidlé, qui me dit que ne pouvant emporter de Russie qu'un petit nombre de livres, il a choisi les miens». Par ailleurs, sans le connaître, Roger Caillois le recommande en mai 1938 à Jean Paulhan pour le compte rendu d'un livre sur Kafka (voir *Correspondance Jean Paulhan – Roger Caillois, 1934-1967*, édition établie et annotée par Odile Felgine et Claude-Pierre Perez, Cahiers Jean Paulhan n° 6, Gallimard, 1991, p. 81) et Ungaretti en 1951, pour sa connaissance de la poésie italienne (voir *Correspondance Jean Paulhan – Giuseppe Ungaretti, 1921-1968*, édition établie par Jacqueline Paulhan, Luciano Rebay et Jean-Charles Vegliante, Cahiers Jean Paulhan n° 5, Gallimard, 1989, p. 452).

74. P. Claudel à J. Paulhan

11 bis, rue Jean Goujon. VIII°
Balzac 26-16

le 14 décembre [19]36

Mon cher Paulhan

Je vous renvoie d'autre part les épreuves destinées à *Mesures*.
Pourriez-vous me faire envoyer quelques exemplaires du numéro de
la *N.R.F.* du 1er décembre?
Pourriez-vous aussi demander à la Librairie Gallimard de me faire
envoyer 10 nouveaux exemplaires de *Ecoute, ma fille*[1]!
Bien amicalement

P. Claudel

---

1   En marge et à gauche de ces deux demandes de Claudel, Paulhan a écrit: *«fait»*.

75. P. Claudel à J. Paulhan

11 bis, rue Jean Goujon. VIII°
Balzac 26-16

le 5 février 1937

Mon cher Paulhan

Merci pour les tirages à part qui me sont très agréables. Je suis complètement remis. Je serai heureux de vous voir quand vous voudrez sur simple
coup de t[é]l[é]ph[one].
N.B. Je pars pour la Suisse le 14[1].
De tout cœur

P. Claudel

---

1   Voir *J.* II, 180, à la date du 15 février 1937: «Voyage à Gstaad». Claudel y séjourne
    jusqu'au 7 mars: «départ de Gstaad, où ma santé s'est beaucoup améliorée» (*J.* II,
    183).

76. P. Claudel à J. Paulhan

11 bis, rue Jean Goujon. VIII°
Balzac 26-16

le 14 avril [19]37

Mon cher Paulhan

Pour répondre à votre désir, je vous envoie sous ce pli les quelques pages
que j'ai écrites dernièrement à la louange de Ramuz¹.
Bien amicalement

P. Claudel

---

1   Charles-Ferdinand Ramuz (1878-1947). Claudel écrit ces quelques pages à propos de
l'écrivain suisse pendant son séjour à Gstaad en mars 1937 (voir *Pr*, 578 et *S*. II,
248); il a «toujours pris grand intérêt à l'œuvre de Ramuz» (*Pr*, 584). «Du côté de
chez Ramuz» paraîtra dans le numéro de *La N.R.F.* de février 1938. Claudel et
Ramuz échangèrent une correspondance entre 1918 et 1942, correspondance publiée
dans le *Bulletin de la Société Paul Claudel*, n° 76, 4ᵉ trimestre 1979. Dans sa lettre
(inédite) du 3 décembre 1936, Claudel remercie Ramuz pour sa participation au numéro d'Hommage de *La N.R.F.*: «Je suis si fier, en ouvrant la NRF, d'y trouver votre
nom et votre magnifique témoignage. Il n'en est pas auquel je tienne davantage
comme il n'est pas d'écrivain vivant pour qui je ressente plus d'admiration et de
sympathie, et plus ancienne». Jean Paulhan appréciait aussi particulièrement l'écriture de Ramuz: le 17 avril 1940, il écrivait à Marcel Arland: «Je donnerais – et, je
crois, toi aussi – tout ce que j'ai lu sur la guerre, y compris Claudel et Schlumberger,
pour le Ramuz d'avril [‹Pages d'un neutre›, mars-avril 1940, NRF]» (*Correspondance Jean Paulhan – Marcel Arland, 1936-1945*, édition établie et annotée par
Jean-Jacques Didier, Cahiers Jean Paulhan n° 10, Gallimard, 2000, p. 191). Il a également écrit une préface à *Fin de vie* de Ramuz, intitulée «Ramuz à l'œil d'épervier»,
publiée en 1949 à Lausanne, La Guilde du Livre.

77. P. Claudel à J. Paulhan

11 bis, rue Jean Goujon. VIII°
Balzac 26-16

le 27 avril [19]37

Mon cher Paulhan

Je vous remercie de votre aimable invitation[1] et suis bien désolé de ne pouvoir y répondre ne me trouvant pas libre au jour que vous indiquez.
De tout cœur

P. Claudel

---

1   Nous n'avons pu trouver à quelle invitation Claudel fait allusion.

78. P. Claudel à J. Paulhan

11 bis, rue Jean Goujon. VIII°
Balzac 26-16

le 6 mai [19]37

Mon cher Paulhan

Je croyais qu'il existait entre nous un *gentlemens* [*sic*] *agreement* d'après lequel vous ne me feriez pas voisiner dans la *N.R.F.* avec des choses impossibles. Or dans votre dernier numéro je trouve, à peine séparés de mon article par quelques pages, les élucubrations d'un sadique gâteux qui souffre évidemment du côté de la moelle épinière[1].

C'est d'autant plus ennuyeux que cela détonne avec le ton général de votre revue, comme je me plais à le reconnaître. Beaucoup de catholiques et même de prêtres s'y sont abonnés pour y lire mes articles. Si ce genre de fantaisies doit se renouveler, vous me rendrez de nouveau votre maison impossible.

Amicalement

P. Claudel

---

1 «A la rencontre du printemps» paraît dans le numéro de mai 1937 (p. 674); Claudel fait sans doute allusion à Ernest Tisserand dont le récit s'intitule «Deux amateurs. II Hyacinthe» (p. 700. La partie «I. Vital» avait paru dans le numéro de février). Il s'agit du récit d'un pervers se livrant à des jeux érotiques avec des poupées. Celles-ci ont été réalisées soit en cire, soit en porcelaine à l'image des femmes que connaît le narrateur. Portant les mêmes noms, ayant les mêmes caractéristiques, les jouets et les femmes réelles se superposent dans son imaginaire, tandis qu'il habille, déshabille, caresse, et fait la toilette des poupées. Le voisinage de ce type de récit avec «A la rencontre du printemps», qui évoque un voyage de Claudel à la cathédrale de Chartres, irrita ce dernier. Ernest Tisserand est aussi l'auteur de *Un cabinet de portraits* (Editions de la Nouvelle Revue Française, 1914), *Contes de la popote* (Crès, 1919), *A l'ancre. Eloge de l'absinthe. Le Mystère des trois cordes. La Chemise. Chimène* (Librairie de France, 1922), *Antoine et Ada* (Michel, 1923) et *Ce que doit savoir tout homme qui se rase* (Editions ORAH, 1929). Il utilisait comme pseudonymes: Magdeleine de La Charmeraye et Archibald-K. Lee.

175

79. P. Claudel à J. Paulhan

11 bis, rue Jean Goujon. VIII°
Balzac 26-16

le 24 mai [19]37

Mon cher Paulhan

Du moment où v[ous] êtes d'accord avec Plon je n'ai aucune raison de vous refuser «Vitraux[1]». V[ous] en trouverez le texte sous ce pli. – Tout ce que je vous demande c'est de ne pas me faire voisiner dans ce numéro avec des choses impies ou immorales.
Bien amicalement

P. Claudel

---

1 Ce texte, daté d'avril 1937, a servi de préface à *Vitraux des cathédrales de France*, Plon, 1937. Il sera publié dans *La N.R.F.* le 1er juillet 1937, et repris dans *L'Œil écoute*. Il figure en tête de *La N.R.F.*, immédiatement suivi d'un article de Jacques Maritain sur la guerre d'Espagne; viennent ensuite «Le Mur» de Jean-Paul Sartre, un extrait du *Journal* de Denis de Rougemont, quelques chapitres de «La Chasse du matin» de Jean Prévost, un essai d'adaptation par André Thérive de quelques «Galgenlieder» de Christian Morgenstern, le «Quatrième de entretien chez le sculpteur» signé Alain, «Actualité» de Rilke par A. M. Petitjean, la Chronique des Romans par Marcel Arland; enfin à la rubrique «Notes», les signatures de Jean Cocteau, Jean Prévost, Jean Vaudal, Léon-Paul Fargue, Benjamin Crémieux, André Lhote et à la rubrique «L'air du mois», les signatures de Francis Jammes, Julien Benda, A. Rolland de Renéville, B. de Schloezer et Charles Albert Cingria.

80. P. Claudel à J. Paulhan

11 bis, rue Jean Goujon. VIII°
Balzac 26-16

[Juin 1937]

L'Ambassadeur et Madame Paul Claudel[1] prient Monsieur Paulhan de leur faire le plaisir de venir passer la soirée chez eux le jeudi 17 Juin à 9 h 30
R.S.V.P.
lecture de Monsieur Paul Claudel d'un essai inédit[2].

---

1 Lettre manuscrite de Claudel.
2 Dans son *Journal*, à la date du 17 [juin], Claudel écrit: «Lecture de ma conférence sur le *Chemin dans le domaine de l'Idée et de l'Art*. Nada dit mes *Dodoitsu* et Francis q[uel]q[ues] poèmes. L'assistance paraît contente» (*J.* II, 192). Cet essai, daté du 21 mai 1937, paraîtra dans le *Figaro*, supplément littéraire du 5 septembre 1937, sous le titre «la Vision de la route»; il est repris dans *L'Œil écoute*, sous le titre «le Chemin dans l'art» (*Pr*, 263).

81. P. Claudel à J. Paulhan

Brangues – Isère[1]

Le 2 août [19]37

Mon cher Paulhan

Je m'adresse à vous en désespoir de cause! J'ai écrit successivement à la Librairie Gallimard, à Gaston Gallimard, à Hirsch[2], pour obtenir des livres dont j'ai le besoin le plus pressant. *Je n'ai aucune réponse*[3]. Si une démarche près de vous n'a pas plus de succès, j'essayerai le *Mercure de France* qui exécute toujours les ordres avec une admirable régularité et qui obtiendra plus facilement, je l'espère, des livres que leur auteur ne le fait de son propre éditeur[4]!

Pardon de vous déranger ainsi et d'avance merci infiniment!

P. Claudel

---

1 Il s'agit d'une carte postale écrite recto verso.

2 Louis-Daniel Hirsch (1891-1974) est directeur commercial des Editions Gallimard depuis 1922.

3 Souligné par Claudel.

4 Voir la lettre de Claudel à Gaston Gallimard du 19 juillet 1937 (*Correspondance 1911-1954*, *op. cit.*, Gallimard, 1995, p. 498): Claudel s'y plaint aussi de n'avoir pas reçu six exemplaires de *Ecoute, ma fille!* et six de *Toi, qui es-tu?* et menace de les commander au Mercure.

82. P. Claudel à J. Paulhan

Brangues Isère[1]

6 octobre [1937][2]

A la présente date
6 octobre
je n'ai pas encore reçu le numéro d'octobre de la *N.R.F.*
Veuillez prendre note qu'à la date du 10 octobre mon adresse sera de nouveau
11 bis quai d'Anjou
Paris[3]

P. Claudel

---

1 Il s'agit d'une carte postale écrite au recto et au verso.
2 La date a été ajoutée de la main de Jean Paulhan. La carte est adressée non pas à Jean Paulhan, mais à *La Nouvelle Revue Française*.
3 Claudel se trompe d'adresse puisqu'à cette date il habite 11 bis rue Jean Goujon, ce qui explique le grand point d'interrogation porté par une autre main (celle de Paulhan?) à côté de cette adresse. Il a vécu au 37 quai d'Anjou chez sa sœur Louise de Massary au moment de ses congés de Prague au cours des années 1911-1912. Voir la lettre suivante.

183

83. P. Claudel à J. Paulhan

Le 9 octobre [19]37

Cher Paulhan[1] – J'assisterai volontiers, si je puis, à votre récital[2]. Quant à dire moi-même mes vers, impossible! je n'aime pas ces manifestations collectives. *Je n'ai pas reçu le dernier numéro*[3] de la *N.R.F.* quoique je l'aie réclamé – Je rentre demain à Paris où mon adresse est toujours

11 bis rue Jean Goujon

Bien amicalement vôtre

P. Claudel

---

1 Il s'agit d'une carte postale écrite au recto et au verso.
2 Il s'agit des matinées N.R.F. instaurées à partir du 16 octobre 1937.
3 Souligné par Claudel.

84. P. Claudel à J. Paulhan

11 bis, rue Jean Goujon. VIII°
Balzac 26-16

le 11 nov[embre 19]37

Cher Paulhan   *Mesures*

Voudriez-vous feuilleter le gros M[anu]S[crit] que j'ai envoyé récemment à la *N.R.F.*? Vous y trouveriez facilement des morceaux qui vous
conviendraient. Par exemple le passage sur «les Rubens d'Anvers[1]», ou
l'une des prières, ou bien d'autres pages. Vous n'avez qu'à choisir.
    Le *Benito Cerreno* [*sic*] m'a beaucoup intéressé. Il y a longtemps que
je connais Melville et surtout ce chef-d'œuvre *Moby Dick*[2].
    Affectueusement

P. Claudel

---

1   «Les Rubens d'Anvers» paraîtra dans *Mesures* le 15 janvier 1938, en tête du
    sommaire. Ce texte fait partie d'*Un Poète regarde la Croix* (voir *O.C.* XIX, pp. 359 à
    362).

2   Dans *Benito Cereno et autres contes de la véranda* (1856), l'écrivain américain
    Herman Melville (1819-1891) dit l'obsession de l'exil et le désespoir spirituel;
    Benito Cereno, l'un des «Contes de la Piazza», a paru dans les numéros de *La N.R.F.*
    de septembre, octobre et novembre 1937. Dans la bibliothèque de Brangues, on
    trouve plusieurs ouvrages en anglais d'Herman Melville: *Omoo* (1923), *Redburn*
    (1924), *Typee* (1923) et *White Jacket* (1923) (voir *Catalogue de la bibliothèque de
    Paul Claudel, op. cit.*, p. 110). Rappelons que les traductions de *Moby Dick* effec-
    tuées par Giono, Lucien Jacques et Joan Smith ne paraîtront dans les *Cahiers du
    Contadour* qu'entre 1938 et février 1939 avant d'être reprises en volume aux éditions
    des *Cahiers du Contadour* en avril 1939 (voir Jean Giono, *Œuvres romanesques
    complètes*, édition établie par Robert Ricatte, Paris, Gallimard, Bibliothèque de la
    Pléiade, 1971, tome I, pp. LXXIII et LXXIV). Mais cette traduction a été entreprise
    en mai ou juin 1936 et il n'est pas impossible d'imaginer qu'une première version
    circulait à l'automne 1937. Voir Pierre Citron, *Giono: 1895-1970*, Paris, Ed. du
    Seuil, 1990, pp. 255, 288 et 343.

85. P. Claudel à J. Paulhan

11 bis, rue Jean Goujon. VIII°
Balzac 26-16

le 17 nov[embre 19]37

Mon cher Paulhan

Je serai heureux de vous donner *Mon pays*, mais pas tout de suite, car j'aurai à utiliser cette introduction dans d'autres conférences[1]
Amicalement

P. Claudel

---

1 Le manuscrit de ce texte porte l'indication «Conférence du 16 novembre 1937»; en effet Claudel prononça à cette date une conférence à la salle Marcellin-Berthelot (voir *J.* II, 209); elle précédait la lecture de quelques poèmes. Ce texte fut à nouveau utilisé, avec une introduction un peu différente, dans une autre conférence: «Un poète au fil de sa vie et de ses idées» (*S.* III, 308), à une date inconnue, et fragmentairement dans «Un pèlerin de l'année sainte» en 1950. «Mon pays» a été repris dans *Contacts et circonstances* (voir *Pr*, 1003). Ce texte n'a jamais été publié dans *La N.R.F.*

86. P. Claudel à J. Paulhan

11 bis, rue Jean Goujon. VIII°
Balzac 26-16

le 11 déc[embre 19]37

Mon cher Paulhan

Le passage sur Rubens se trouve:

Placard 25: pages 7 et 8
et Placard 26: pp. 1 et 2

C'est un peu court – Mais vous pourriez aussi trouver ce qui vous convient dans la première partie de la «Prière»,

Placards 29 et 30

(Ne prenez pas ce que je dis de Philippe B. – car je l'utiliserai moi-même prochainement[1])

Amicalement

P. Claudel

S'il y a autre ch[ose] q[ui] v[ous] convienne dans ce paquet, prenez-le.

J'ai aussi un essai exégétique sur Caïn, Abel et Lamech (appliqué à Israël) mais c'est un peu spécial[2].

De tout cœur

P. Cl.

---

1   Les «Prières» comme «Les Rubens d'Anvers» feront partie d'*Un Poète regarde la Croix* (voir la lettre n° 84 et *O.C.* XIX, p. 389). Dans la prière «pour les miens» Claudel parle de son ami Philippe Berthelot: «C'est cette région [l'ombre de la mort] où, l'autre jour, en une seconde, fermant les yeux et son grand cœur ayant cessé de battre, a pénétré notre cher Philippe. [...] Seigneur, je vous supplie pour notre frère Philippe qui s'est endormi en Votre absence!» (*op. cit.*, pp. 422-423). Philippe Berthelot était mort le 21 novembre 1934. Aucune «prière» ne sera publiée dans *La N.R.F.* Les «Prières» avaient paru dans le numéro d'hommage de *La Vie intellectuelle*, le 10 juillet 1935, sous le titre: «A Notre-Dame-des-Sablons».

191

2   «Caïn, Abel et Lamech» semble être resté inédit jusqu'à sa publication en 1978 dans les *Œuvres complètes* (*O.C.* XXVIII, p. 313). Claudel utilisera toutefois ce texte fragmentairement dans *Emmaüs* (1946-1947) en indiquant: «Je reproduis ici en y apportant quelques modifications un essai écrit par moi, il y a une dizaine d'années» (*O.C.* XXIII, p. 110). Les différences sont assez notables.

87. P. Claudel à J. Paulhan

4 avenue Hoche[1]

le 22 janvier [19]38

Mon cher Paulhan

Je suis désolé des infortunes de Cingria, et naturellement je ne demande pas mieux que de figurer dans la liste des sauveteurs[2]. Mais quant à la *présentation*[3] dont vous me parlez, impossible. J'ai perdu de vue Charles Albert depuis 20 ans[4] et je ne le connais que par les notes, d'ailleurs savoureuses, qu'il publie de temps en temps à la *N.R.F.* et ailleurs. C'est une nature splendidement originale, mais qu'il faudrait avoir le temps de confesser longuement[5]. Je ne puis m'en charger. Pourquoi ne pas lui demander de se présenter lui-même? Je suis sûr qu'il pourrait le faire d'une manière incomparable.

Croyez à mes regrets

P. Claudel

Je doute très fort que Cingria puisse s'astreindre à la production énorme de 4 livres par an. Pourquoi ne pas faire une souscription pure et simple?

---

1   Cette indication manuscrite remplace l'en-tête imprimée (11 bis, rue Jean Goujon. VIII°) du papier à lettres. Claudel emménage au 4, avenue Hoche le 30 septembre 1938 (*J.* II, 247). Voir la lettre n° 62.

2   Il s'agirait d'une association créée à l'initiative de Jean Paulhan pour soutenir financièrement Charles-Albert Cingria.

3   Souligné par Claudel.

4   Pour Charles-Albert Cingria, voir la lettre n° 38. En effet, d'après son *Journal*, c'est le 9 mai 1919 que Claudel voit Cingria pour la dernière fois. En 1938, Cingria collabore régulièrement à *La N.R.F.*: janvier («Sur le «Zéjel»); février («Les plus beaux manuscrits du Moyen Age»); mars («Cyropédie»); avril («Verdures»); mai («Surexactitude»); juin («*Les grands cimetières*, par G. Bernanos»).

5   Au sujet de la personnalité et des débordements de Charles-Albert Cingria, voir l'article d'Etiemble, *Encyclopaedia Universalis*, 1995, Tome 5, pp. 900-901.

88. P. Claudel à J. Paulhan

11 bis, rue Jean Goujon. VIII°
Balzac 26-16

le 3 février [19]38

Mon cher Paulhan

Vous avez laissé passer dans mon article sur Ramuz un épouvantable mastic que j'avais cependant corrigé. J'ai écrit non pas

«... que celles de l'âme.
Les vicissitudes et péripéties y sont du même ordre.»

Mais

«Les vicissitudes etc
y sont du même ordre que celles de l'âme[1].»

Soyez donc maudit, ainsi que l'exécrable imprimeur qui a perpétré cette atrocité!
Amicalement

P. Claudel

---

1   Voir la lettre n° 76. La faute se trouve à la p. 216 de *La N.R.F.* (lignes 22 et 23).

89. P. Claudel à J. Paulhan

11 bis, rue Jean Goujon. VIII°
Balzac 26-16

le 15 février [19]38

Mon cher Paulhan

Une Société de publicité américaine m'avait demandé un article de large diffusion sur «le Communisme vu par un intellectuel». Je lui ai envoyé le papier ci-joint, que l'on m'a renvoyé avec un cri d'horreur.
Serez-vous moins timide et consentirez-vous à le publier[1]?
De tout cœur

P. Claudel

Naturellement pas de droits d'auteur

---

1   Ce papier ne sera pas publié dans *La N.R.F.* Il n'a été repris nulle part sous ce titre: nous ne savons donc pas de quel texte il s'agit. Voir toutefois les lettres n° 90 et n° 91.

90. P. Claudel à J. Paulhan

11 bis, rue Jean Goujon. VIII°
Balzac 26-16

le 20 février [19]38

Mon cher Paulhan

Toutes réflexions faites, je crois préférable de renoncer à la publication de la diatribe que je vous ai envoyée. Je suis vieux et j'ai mieux à faire que de m'engager, et de vous engager, dans un domaine de polémique que j'ai toujours évité jusqu'ici. Renvoyez-moi donc le papier.

– Quant à O'Neill, impossible. Je n'aime ni l'homme, ni son œuvre[1].
Croyez à mes sentiments bien amicaux

P. Claudel

---

1 Le dramaturge américain, Eugene Gladstone O'Neill (1888-1953), est l'auteur, entre autres, de *Days Without End* (1934). Dans la bibliothèque de Brangues se trouve un ouvrage en anglais d'Eugène O'Neill, intitulé: *Mourning becomes Electra. A Trilogy* (1934, trad. *Le Deuil sied à Electre*) (voir *Catalogue de la bibliothèque de Paul Claudel, op. cit.*, p. 121).

91. P. Claudel à J. Paulhan

11 bis, rue Jean Goujon. VIII°
Balzac 26-16

le 8 mai 1938

Mon cher Paulhan

Ci-joint une étude que j'ai écrite à la campagne sur deux auteurs publiés par votre maison et dont les livres m'ont vivement intéressé[1].
Affectueusement

P. Claudel

---

1 Dans *La N.R.F.* d'août 1938 paraîtra «Une saison en enfer» de Paul Claudel, commençant par ces lignes: «C'est l'Enfer soviétique que je veux dire. Mon séjour, par la lecture, n'y a été que de quelques heures. Mais celui des deux auteurs, tous deux communistes, qui m'y ont introduit et qui font l'objet de la présente recension, a été de nombreuses années.» Une note est donnée en bas de la page 210 pour les «deux auteurs, tous deux communistes»: «Yvon: *L'U.R.S.S. telle qu'elle est*, préface d'André Gide; A. Ciliga: *Au Pays du Grand Mensonge*, Gallimard, 1938». «Une saison en enfer» est repris dans *Contacts et circonstances*, *O.C.* XVI, 279. Le manuscrit est daté du 5 mai 1938. A cette date, Claudel n'est plus «à la campagne»: en effet, il quitte Brangues pour Paris le 2 mai (*J.* II, 232). Le «5 mai» est donc la date de la copie. Certains passages de ce texte ont pu être écrits bien avant, par exemple à l'occasion de la demande d'«une Société de publicité américaine» (voir la lettre n° 89).

92. P. Claudel à J. Paulhan

11 bis, rue Jean Goujon. VIII°
Balzac 26-16

le 17 mai 1938

Mon cher Paulhan

Je vais regarder de nouveau ces pages sur le Baillon et voir ce que j'en peux faire[1]. Pardon de vous répondre si tard! J'ai passé q[uel]q[ues] jours en Suisse et viens à peine de rentrer[2]. Venez quand v[ous] voudrez. Vous me trouverez toujours à 11 h ou à 3.

De tout cœur

P. Cl.

---

1   Il s'agit probablement de l'écrivain belge, André Baillon (1875-1932), auteur de *L'Histoire d'une Marie, En Sabots, Délires, Roseau*. Une Société «destinée à sauver de l'oubli l'œuvre de l'écrivain regretté» a été fondée en 1934 sous le patronage d'un Comité d'honneur composé de Madame Colette, de M. Georges Duhamel et de plusieurs autres écrivains (voir *La N.R.F.* d'août 1934, p. 306). Nous ne savons pas à quoi Claudel fait allusion.

2   Voir *J.* II, 232: «9-14 mai. Voyage à Bâle. Exécution par le Kammer Orchester de *Jeanne d'Arc au bûcher* […]. Aussi conférence de moi très bien accueillie».

93. P. Claudel à J. Paulhan

11 bis, rue Jean Goujon. VIII°
Balzac 26-16

le 21 mai [19]38

Mon cher Paulhan

Voici donc le papier que vous me demandez et que j'ai légèrement modifié. Cela ne veut pas dire du tout que je sympathise avec les idées et les hommes de *Vendredi*[1], mais il y a aujourd'hui des choses indispensables à dire – n'importe où!
Je regrette de ne pas vous avoir rencontré hier. Décidément nous n'avons pas de chance! Un coup de téléphone aurait évité ce contretemps.
Amicalement

P. Cl.

---

1   *Vendredi* était une revue hebdomadaire, à la fois littéraire, politique et polémique, fondée le 8 novembre 1935, orientée à gauche. Véritable tribune d'expression pour le Front Populaire, elle eut pour comité directeur Jean Guéhenno, André Chamson et la veuve du journaliste Gustave Téry, Andrée Viollis. Cette revue disparut au début de l'année 1939.

94. P. Claudel à J. Paulhan

11 bis, rue Jean Goujon. VIII°
Balzac 26-16

le 8 juin 1938

Cher Paulhan

Je n'ai plus de nouvelles des deux M[anu]S[crits] que je vous ai remis sur votre demande, l'un pour la *N.R.F.*, l'autre pour *Vendredi*. Qu'en faites-vous? Je pars pour Brangues le 14 et ne reviendrai qu'à la mi-octobre.

Je vous serre amicalement la main

P. Claudel

95. P. Claudel à J. Paulhan

11 bis, rue Jean Goujon. VIII°
Balzac 26-16

le 10 Juin [19]38

Mon cher Paulhan

Comme je vous l'ai t[é]l[é]phoné, un rendez-vous pris ne me permet pas de vous attendre cet après-midi. Le refus de *Vendredi* me fait bien rire! Vous avez eu raison de dire que je n'admettrais aucun caviardage. Nous ne sommes pas en U.R.S.S. Priez ces bons hommes de me renvoyer l'article. L'expérience valait la peine d'être faite!
De tout cœur

P. Claudel

96. P. Claudel à J. Paulhan

11 bis, rue Jean Goujon. VIII°
Balzac 26-16

le 11 Juin [19]38

Mon cher Paulhan

Je suis confiné au lit pour 15 jours[1]. Vous pouvez donc venir me voir quand vous voudrez (de préférence vers 5 h.)

De tout cœur

P. Claudel

---

1   Voir *J.* II, 237, à la date du 9 juin 1938: «A la suite de ma dernière numération (3 975 000) le Dr Delort décide de me recoller au lit pour 15 jours!»

97. P. Claudel à J. Paulhan

Expédié par M. Claudel[1]
au château de Brangues
par Morestel, Isère

29-6-[3]8

Mon cher Paulhan

Malheureusement je suis depuis q[uel]q[ues] jours à la campagne, pour y rester vraisemblablement jusque vers le 15 octobre. Ce n'est donc sans doute qu'à ce moment que je pourrai causer avec M. Claude Gallimard[2]. Bien amicalement vôtre

P. Claudel

---

1 Il s'agit d'une carte postale expédiée à Jean Paulhan au 5 rue Sébastien Bottin, Paris.
2 Un des fils de Gaston Gallimard. – Claudel est arrivé à Brangues le 24 juin (*J.* II, 238). Dans une lettre à Claudel datée de juin 1938, Gaston Gallimard regrette de ne pouvoir le rencontrer: «Je suis navré de vous savoir souffrant. Je voulais seulement vous demander de me recevoir un jour pour vous présenter mon fils Claude qui travaille maintenant avec moi.» (*Correspondance, op. cit.*, p. 514)

98. P. Claudel à J. Paulhan

Château de Brangues
Morestel
Tél. N° 2 Brangues
Isère

le 12 juillet [19]38

Mon cher Paulhan

Il me semble que dans l'un des papiers que je vous ai remis il y a une
certaine phrase sur les dictateurs «dont la cervelle donne des signes certains d'être travaillée par un hanneton». Pourriez-vous l'échopper[1]? Il
faut éviter la vulgarité, même à l'égard des gens qu'on n'aime pas. Merci
d'avance
    Bien vôtre

P. Claudel

---

1   Voir la lettre n° 91. On peut imaginer que cette phrase sur les dictateurs était insérée
    dans «Une saison en enfer», où Claudel parle des dictatures allemande, italienne et
    surtout soviétique. – Echopper: enlever à l'aide d'un burin un ou plusieurs caractères
    inutiles ou défectueux.

99. P. Claudel à J. Paulhan

Expédié par Claudel[1]
4 avenue Hoche
Paris

20-11-38

Bien volontiers!
Voudriez-vous jeudi prochain à 3 heures?
De tout cœur

P. Cl.

---

1   Il s'agit d'une carte postale expédiée à Jean Paulhan au 5 rue Sébastien Bottin, Paris.

100. P. Claudel à J. Paulhan

4, avenue Hoche. VIII°
Wagram 08-25

le 24 déc[embre 19]38

Mon cher Paulhan

Je vous envoie sous ce pli une petite note sur un tableau de Nicolas Maes, que peut-être v[ous] pourriez caser dans votre *Air du mois*[1].

Je vous serre amicalement la main et v[ous] souhaite une bonne fête de Noël

P. Claudel

---

1 «Un tableau de Nicolas Maes» paraît dans la rubrique «L'air du mois» du numéro de février 1939 de *La N.R.F.* (Voir *Pr*, 240).

101. P. Claudel à J. Paulhan

4, avenue Hoche. VIII°
Wagram 08-25

le 18.2.[19]39

Mon cher Paulhan

Voici les pages que vous me demandez sur Pie XI. Je serais heureux qu'elles pussent paraître en tête de votre numéro[1].
Amicalement

P. Claudel

---

1 «Le Pape Pie XI», daté du 18 février 1939, paraît en tête du numéro de mars. (Voir *O.C.* XVI, p. 376.) Pie XI venait de mourir le 10 février.

102. P. Claudel à J. Paulhan

4, avenue Hoche. VIII°
Wagram 08-25

le 10 avril 1939

Mon cher Paulhan

Je vous envoie mon bulletin de souscription[1]. Prière de dire à Gallimard d'en retenir le montant sur mon compte.

Pour le moment je n'ai pas dans la tête les deux pages que vous me demandez. Nous verrons si cela viendra plus tard.

J'écris en ce moment quelques pages sur l'Alsace et la cathédrale de Strasbourg. Je puis vous les réserver si vous le désirez[2].

Bien amicalement

P. Claudel

---

1 Nous ne savons de quelle souscription il s'agit.
2 «La cathédrale de Strasbourg» paraîtra dans le numéro d'août 1939. (Voir *Pr*, 309.)

103. P. Claudel à J. Paulhan

4, avenue Hoche. VIII°
Wagram 08-25

le 1 mai 1939

Mon cher Paulhan

Voici le morceau dont je vous ai parlé sur la cath[édrale] de Strasbourg.
Votre bien dévoué

P. Claudel

104. P. Claudel à J. Paulhan

Château de Brangues
Morestel
Tél. N° 2 Brangues
Isère

le 5 juillet 1939

Mon cher Paulhan

Puisque vous le désirez, je vous enverrai donc dans quelques jours quelques feuillets détachés de mon *Apocalypse*[1] pour *Mesures*.

J'ai feuilleté avec ravissement vos *Hain Tennys* [*sic*] malgaches, dont beaucoup valent leurs congénères chinois et japonais. Ces gens sont vraiment doués, comme je m'en étais déjà aperçu en contemplant la vitrine des Champs Elysées. Et votre préface est infiniment intéressante et suggestive[2].

Je vous serre la main

P. Cl.

---

1   Il s'agit vraisemblablement de *Au milieu des vitraux de l'Apocalypse* dont Claudel n'avait publié que deux fragments entre 1931 et 1932, le texte de *L'Apocalypse de saint Jean* n'étant commencé qu'à partir de septembre 1940. Voir à ce sujet Dominique Millet, «Note sur l'établissement du texte des *Vitraux*», dans *Le Poëte et la Bible, op. cit.*, p. 1421, et Michel Malicet, notice de *L'Apocalypse de saint Jean*, *ibid.*, pp. 1681-1682. Voir la lettre n° 22, note 4.

2   Hain-Teny: mot du dialecte merina, signifiant *richesse de paroles* et désignant un genre poétique malgache réservé au registre de la polémique, de la joute oratoire. Après 1825, les membres des hautes classes sociales ont abandonné ces «proverbes de dispute» toujours pratiqués dans les classes populaires. Jean Paulhan, les ayant découverts lors de son séjour à Madagascar entre 1908 et 1910, a publié un recueil avec commentaires et traduction (librairie orientaliste Paul Geuthner, 1913). Dans la bibliothèque de Brangues, on trouve la nouvelle édition, considérablement amendée et modifiée, de cet ouvrage de Jean Paulhan, dédicacé en date du 22 juin 1939 (quelques pages seulement sont découpées): *Les Hain-Tenys*, Paris, Gallimard, 1938 (voir *Catalogue de la bibliothèque de Paul Claudel, op. cit.*, p. 123). Voir aussi *Jean Paulhan. La vie est pleine de choses redoutables, op. cit.* et la lettre n° 67, note 4.

105. P. Claudel à J. Paulhan

Château de Brangues
Morestel
Tél. N° 2 Brangues
Isère

le 6 juillet 1939

Mon cher Paulhan

J'ai cherché et cueilli pour vous et pour *Mesures* le début du Chapitre XIII de mon *Apocalypse*[1]. Le voici. J'aimerais recevoir des épreuves. Le typographe voudra bien remarquer que les notes se trouvent au verso de la page précédente.
Bien amicalement

P. Claudel

---

1 En raison des difficultés grandissantes de *Mesures* qui cesse de paraître en avril 1940 et de la déclaration de guerre, le début de ce chapitre sera en définitive publié plus tard, en octobre 1945, dans la *Revue de Paris* sous le titre «La vieillesse selon l'Ecriture sainte».

106. P. Claudel à J. Paulhan

Château de Brangues
Morestel
Tél. N° 2 Brangues
Isère

le 20 juillet [19]39

Mon cher Paulhan

Du Bos était-il marié? Dans ce cas voudriez-vous exprimer à sa veuve de ma part tout le chagrin que j'éprouve de la mort de cet excellent homme[1].
Bien amicalement

P. Claudel

---

1   Voir la lettre n° 22. Charles Du Bos avait collaboré au numéro d'hommage à Paul Claudel de *La N.R.F.* d'avril 1925, ainsi qu'à celui de *La Vie intellectuelle* du 10 juillet 1935. Les lettres de Claudel à Charles Du Bos (11 lettres de 1934 à 1938) ont été publiées dans le *Bulletin de la Société Paul Claudel*, n° 94, 2e trimestre 1984. Une lettre datée du 4 juillet 1929 est restée inédite. Une lettre de Charles Du Bos à Claudel datée du 18 mars 1936 a été également publiée dans le n° 72, *op. cit.*, 4ᵉ trimestre 1978, p. 46. Du Bos était effectivement marié (voir n° 94, *op. cit.*, p. 7). Jean Paulhan sera déconcerté par ce billet comme le montre le post-scriptum de sa lettre à André Gide datée du 22 [août 1939]: «étrange lettre de Paul Claudel, ainsi conçue: ‹si Ch. Du Bos laissait une veuve, faites-lui part de la peine que me fait la mort de cet excellent homme›» (*op. cit.*, p. 216). Jean Schlumberger rend hommage à Charles Du Bos dans *La N.R.F.* du 1ᵉʳ septembre 1939, pp. 482-484, en tête des «Notes» (27ᵉ année, n° 312).

107. P. Claudel à J. Paulhan

Château de Brangues
Morestel
Tél. N° 2 Brangues
Isère

le 16 septembre [19]39

Mon cher Paulhan[1]

Au reçu de votre lettre j'étais justement en train d'écrire un poëme destiné éventuellement à servir de préface à une nouvelle édition revue dans la collection bleue de mes *Poëmes de guerre*[2]. Vous le trouverez ci-inclus
Bien amicalement

P. Claudel

Je serai à Paris dans les premiers jours d'octobre.
A partir du *25 Sept.* jusqu'au *2 octobre*, mon adresse sera: chez Madame Méquillet à Festigny, Yonne[3]

---

1 Cette lettre et les quatre qui suivent (18 septembre 1939, 11 octobre 1939, 14 octobre 1939, 20 octobre 1939) étaient regroupées dans un dossier portant le propos suivant écrit de la main de Jean Paulhan: «j'ai répondu d'une façon digne et triste, sans aucune injure».

2 Quelques «poëmes de guerre» seront publiés sous le titre *Ainsi donc encore une fois*, aux éditions de la N.R.F., collection catholique, en 1940. Pour les différentes publications des *Poèmes de guerre* et des *Poèmes et Paroles durant la guerre de trente ans*, voir *Po*, 1120-1121. Voir aussi la lettre n° 12, note 3.

3 Cette dernière indication est portée en haut à gauche, perpendiculairement au sens de la lettre; «adresse à noter» a ajouté de sa main Jean Paulhan. – Pour Madame Méquillet, voir la lettre n° 64, note 1.

108. P. Claudel à J. Paulhan

Château de Brangues
Morestel
Tél. N° 2 Brangues
Isère

le 18 sept[embre 19]39

Mon cher Paulhan

Voudriez-vous mettre en épigraphe au poëme que je vous ai envoyé il y a 2 jours le texte suivant:

Stellæ cœli manentes in ordine et cursu suo pugnaverunt adversus Sisaram[1]

Jud. 5.20

Merci d'avance

P. Claudel

J'aimerais que mon poëme parût en tête de la revue et en caractères un peu plus gros q[ue] d'habitude.

---

1 Traduction de l'abbé Fillion, *La Sainte Bible commentée d'après la Vulgate*, tome II, Paris, Letouzey et Ané, 3ᵉ éd., 1899, p. 123: «les étoiles [du ciel], demeurant dans leur rang et dans leur course ordinaire, ont combattu contre Sisara.» (Juges, V, 20: «*stellæ, manentes in ordine et cursu suo, adversus Sisaram pugnaverunt.*»). Ce poème, daté du 15 septembre 1939, s'intitule: «Ainsi donc encore une fois...» (*Po*, 573-575: *Poëmes et paroles durant la guerre de trente ans*).

109. P. Claudel à J. Paulhan

4, avenue Hoche. VIII°
Wagram 08-25

le 11 octobre 1939

Mon cher Paulhan

Je reçois le dernier numéro de la *N.R.F.* où je trouve, à côté des confidences de M. François Mauriac, quelques autres de M. Paul Léautaud[1].
En conséquence je vous prie de me renvoyer le poëme que vous m'aviez demandé.
Vous pouvez considérer ma collaboration à la *N.R.F.* comme terminée.
Croyez à mes meilleurs sentiments

P. Claudel

---

1   Les «confidences» de François Mauriac ont pour titre «Cinquante ans» et paraissent dans le numéro de *La N.R.F.* d'octobre 1939, pp. 535 à 551; celles de Paul Léautaud s'intitulent «Portrait de mon père» et se trouvent pp. 571 à 580. Pour Paul Léautaud, voir la lettre n° 25, note 1. La correspondance (1911-1954) entre Paul Claudel et François Mauriac, *la vague et le rocher*, a été publiée par Michel Malicet et Marie-Chantal Praicheux chez Minard, Lettres modernes, 1988 (voir *supra*, les lettres n° 28, note 3 et n° 30, note 1).

110. P. Claudel à J. Paulhan

4, avenue Hoche. VIII°
Wagram 08-25

le 14 octobre [19]39

Mon cher Paulhan

J'ai bien reçu les épreuves de mon poëme que vous m'envoyez par votre lettre du 11. Je ne vous les retourne pas. Vous comprendrez pourquoi en lisant le Figaro d'aujourd'hui[1]. C'est une petite surprise que je vous ai faite en réponse à celle de votre dernier numéro.

Vous vous consolerez en faisant déguster à vos lecteurs quelque nouvel échantillon du délicieux talent de M. Paul Léautaud. Pas de lecture plus appropriée, comme vous l'avez discerné avec un tact infaillible, à ces jours d'angoisse du pays.

Croyez à mes meilleurs sentiments

P. Claudel

---

1   Le poème de guerre «Ainsi donc encore une fois...» paraît dans le Figaro les 14 et 21 octobre 1939. Voir les notes des trois lettres précédentes et la note 1 de la lettre n° 25. Claudel y incrimine la Germanie («ô Caïn entre les peuples qui ne fus créé que pour la haine»). Le poème sera repris dans Poèmes et paroles durant la guerre de trente ans (Po, 573-575).

111. P. Claudel à J. Paulhan

4, avenue Hoche. VIII°
Wagram 08-25

le 20 octobre [19]39[1]

Mon cher Paulhan

Je ne vois vraiment pas par qui d'autre que moi est représentée la tendance catholique à la *N.R.F.*[2] et l'on dirait que vous tenez à m'en exclure en publiant d'inexcusables ignominies, comme celle qui déshonore votre dernier numéro, premier de la période de guerre. Je me demande quel attrait peut avoir pour vous l'ignominieux individu qui vous a confié cette page de ses Souvenirs de famille. Vous ne pouvez vraiment pas trouver qu'il y fasse une preuve quelconque d'esprit ou de talent. L'ordure en question n'est même pas originale. C'est bien la cinquième ou sixième fois que je vois ce voyou rappeler en termes à peu près identiques sa tentative d'inceste avortée. Comment avez-vous assez peu de respect pour vos lecteurs et pour vous-même[3] pour accueillir de pareilles horreurs?

Croyez à mes sentiments distingués

P. Claudel

---

1   Le même jour, Jean Paulhan écrit à Michel Leiris: «vous avez dû recevoir *La N.R.F.* d'octobre. Malheureusement Claudel aussi. Le Léautaud l'a horrifié (dans un temps qui…, dans un temps que… m'écrit-il). Au point qu'il me retire et publie dans le *Figaro* un poème, déjà en pages et visé qu'il m'avait donné et où Hitler, appelé Béhémoth, se voyait pourfendre par saint Michel. C'est un rude salaud (Claudel)» (Leiris – Paulhan, *Correspondance 1926-1962*, édition établie, présentée et annotée par Louis Yvert, Editions Claire Paulhan, 2000, p. 142; voir aussi la note 5 p. 144, et Claudel, *Po*, 574). Il écrit aussi à Marcel Arland: «Le *Léautaud* était-il très choquant? Claudel furieux.» (Paulhan – Arland, *op. cit.*, p. 150). Voir aussi la lettre à Gide du 27 octobre 1939 (*op. cit.*, p. 229).
2   Claudel omet délibérément d'autres grands auteurs catholiques publiés dans *La N.R.F.*, tels que François Mauriac.
3   «et pour vous-même» a été ajouté dans l'interligne supérieur. – Dans son article «Portrait de mon père», Paul Léautaud écrit à propos de sa mère (p. 573): «Ce qui

montre bien que nous n'avions été, nous retrouvant, […], qu'un jeune homme et une femme, moi amoureux d'elle depuis longtemps en imagination, sensible au charme qu'elle avait encore, elle flattée et ravie des compliments que je lui en faisais» et plus loin (p. 580): «Je la trouvai encore au lit. Elle m'enleva dans ses bras, me tint tout un long moment, tout serré contre elle, me couvrant de baisers, presque nue…».

112. P. Claudel à J. Paulhan

le 11/1/[19]40[1]

Je ne vois pas que le moment soit venu.

P. Claudel

---

1 Il s'agit d'une carte postale adressée à M. Jean Paulhan, N.R.F., Mirande par Sartilly, Manche, et postée rue de La Boétie, VIII°. Il s'agit, vraisemblablement, d'une fin de non-recevoir adressée à un Jean Paulhan qui a dû le solliciter pour *La N.R.F.* qu'il dirige encore.

113. P. Claudel à J. Paulhan

Brangues 31.7.[19]40[1]

Mon cher Paulhan – Je suis heureux des nouvelles rassurantes q[ue] v[ous] m'envoyez sur v[otre] famille et celle de G[aston] G[allimard]. Nous aussi n[ous] avons échappé [*sic*], mais mon fils est prisonnier[2]. Je vous écrirai plus longuement dans q[uel]q[ue] temps.
Affectueusement

P. Claudel

---

1 Carte postale adressée à M. Jean Paulhan à l'Evêché Villalier, Aude.

2 Il s'agit de son deuxième enfant, Pierre (1908-1979). «Pierre est mobilisé sur place à N.Y. Il fait partie de la mission d'achats» (lettre de Claudel à Françoise de Marcilly du 19 décembre 1939). Il est brigadier d'artillerie (lettre à la même du 13 juillet 1940). Voir *J.* II, 323 et 326: «Nous recevons une carte de Pierre prisonnier, en bonne santé», «il est à Elise près S.-Menehould, pas trop malheureux, grâce à sa connaissance de l'allemand» (20 juillet et 20 août 1940); en décembre 1940: «Pierre sur le point d'être transféré en Allemagne» (*J.* II, 340); il sera libéré le 21 janvier 1941 (*J.* II, 343).

114. P. Claudel à J. Paulhan

Brangues, Pâques *1941*[1]

Vous espère *en bonne santé* comme moi.
On a libéré mon fils *prisonnier*.
La famille va bien.
je vous remercie de votre pensée et v[ous] envoie mes meilleurs vœux
de Pâques.
Affectueuses pensées.

P. Claudel

---

1 Carte postale pré-remplie de la période d'occupation, obligeant explicitement l'expé-
diteur à n'indiquer que des nouvelles d'ordre familial. Paul Claudel utilise en partie
les rubriques proposées. Les termes imprimés qu'il a conservés sont mis en italique.
Il est également mentionné à la main: [C. P. 15 avril 1941].

115. P. Claudel à J. Paulhan

le 8.1.[19]42

Merci, mon cher Paulhan, de votre pensée amicale. Je vous adresse tous mes vœux pour l'année qui vient. Je sais qu'ils se confondent avec les vôtres et je suis sûr qu'ils ne seront pas déçus.

Je vous serre bien affectueusement la main

P. Claudel

116. P. Claudel à J. Paulhan

Pâques [5 avril 1942]¹

Mon cher Paulhan – Je suis bien content du départ q[ue] v[ous] m'annoncez! C'est un signe des temps! Non, malheureusement, je ne puis faire partie du Comité dont v[ous] parlez². Séparé de Paris, il me serait impossible d'exercer aucune action, influence ou contrôle. Je me méfie beaucoup de ces Revues de jeunes poètes³. Mais enfin puisq[ue] v[ous] me recommandez celle-là, je ne m'oppose pas à ce qu'elle reproduise *la Danse des Morts*⁴.

Affectueusement

P. Claudel

---

1 La date de 1942 a été ajoutée entre crochets à la main.

2 «départ» est à comprendre comme «nouveau départ». Pierre Drieu la Rochelle avait tenté, à partir de décembre 1940, de relancer *La N.R.F.* avec l'appui de l'Occupant. Mais à la suite de diverses manœuvres, il déclara au début de l'année 1942 vouloir abandonner la direction de la revue. Désireux de soustraire celle-ci au joug nazi, Jean Paulhan tente de constituer un Conseil de Direction destiné à donner des gages aux Allemands et à Drieu la Rochelle pour que la revue paraisse de nouveau, avec la caution de personnalités indiscutables, représentant toutes les tendances de l'esprit français. Jean Paulhan contacte un grand nombre de personnalités dont François Mauriac, Léon-Paul Fargue, André Gide, Paul Valéry, écartant Marcel Jouhandeau et Henry de Montherlant, remodelant sans cesse la composition du Conseil, de façon à endormir la méfiance de Drieu la Rochelle et à tromper la Propagande Staffel. Dans ce dispositif, Paul Claudel, comme Paul Valéry et Léon-Paul Fargue, est une référence maîtresse. Voir sur cette tentative François Mauriac & Jean Paulhan, *Correspondance 1925-1967*, édition établie, présentée et annotée par John E. Flower, Paris, Editions Claire Paulhan, 2001, année 1942, pp. 160 et *sq*. Voir aussi la correspondance échangée entre Paulhan et Gide au cours des années 1940 à 1942, *op. cit.*, pp. 245 à 261, et la lettre à Monique Saint-Hélier du 9 mars 1942 (Paulhan – Saint-Hélier, *Correspondance 1941-1955*, édition établie et annotée par José-Flore Tappy, Cahiers Jean Paulhan n° 8, Gallimard, 1995, pp. 131-132).

3 Voir la lettre suivante.

4 Cet oratorio, daté du 23 mai 1938, n'a été publié, indépendamment de la partition d'Arthur Honegger, qu'en 1965 dans le tome II du *Théâtre* (*Th.* II, 1259-1267).

117. P. Claudel à J. Paulhan

18.4.[19]42[1]

Cher Paulhan – Réponse à votre c[arte] p[ostale]. Je ne refuse pas votre proposition, mais pas pour le 1er n°[2]. Je voudrais avoir le temps de me rendre compte. La maison après le passage de cet immonde putois de M.[3] et *tutti quanti* doit avoir besoin d'une sérieuse désinfection. Qui est ce M. Maurice Blanchot[4]? La chose à laq[uelle] je pense éventuellement (une étude sur le *Livre de Job*[5]) est assez longue et devrait être portée sur 2 numéros. Je v[ous] serre bien affectueusement la main.

P. Cl.

Max Jacob[6] ne pourrait-il rien donner? Il est plein d'idées.

---

1 Paul Claudel a ajouté au-dessus de la date: «Quel moyen de faire parvenir ma copie?»

2 Jean Paulhan avait abandonné la direction de *La N.R.F.* en 1940 (il la reprendra en 1953: voir la lettre n° 125). Il fonde dans la clandestinité sous l'occupation allemande (1941), les *Lettres françaises*, avec le résistant Jacques Decour (né en 1910). Ce dernier est arrêté par les Allemands le 19 février 1942 et fusillé en mai 1942. Le premier numéro des *Lettres françaises* (journal du Comité national des écrivains) paraîtra le 20 septembre 1942 (quatre mois après la mort de Jacques Decour). Les collaborateurs anonymes ou sous pseudonymes de ce premier numéro sont, entre autres, Jean Paulhan, François Mauriac, Jean Guéhenno et Paul Eluard. Mais Claudel répond vraisemblablement à une proposition de Paulhan de publier un texte dans une nouvelle *N.R.F.* dont il annonçait un peu tôt la reparution sous sa houlette ou sous celle du Conseil de Direction.

3 Il s'agit vraisemblablement de Henri de Montherlant (1895-1972), mais l'allusion ne paraît pas parfaitement claire à Jean Paulhan qui écrit à Monique Saint-Hélier le 29 avril 1942: «Claudel m'écrit: ‹La N.R.F., oui. Quand vous aurez bien désinfecté les traces de cet immonde putois de M.› (Montherlant, je pense)» (Paulhan – Saint-Hélier, *op. cit.*, p. 155). Jean Paulhan lui-même n'appréciait guère Montherlant dont les articles publiés dans *La N.R.F.* de janvier 1941 et novembre 1941 l'avaient profondément irrité. «Je ne suis certes pas capable, ni mes amis, de lui serrer la main.» écrivait-il à André Gide le 15 mars 1942 (*op. cit.*, p. 256).

4 Maurice Blanchot (1907-2003) a publié chez Gallimard *Thomas l'Obscur* en 1941 et *Aminadab* en 1942. Il publiera *Faux Pas* en 1943. L'essentiel de son œuvre critique

et romanesque parut après guerre. Maurice Blanchot est à ce moment-là secrétaire de Drieu La Rochelle à *La N.R.F.* dans une situation politiquement délicate.

5   *Le Livre de Job*, daté du 29 mars 1942, paraîtra aux éditions Plon en 1946 (repris dans *O.C.* XXI, 125).

6   Le poète Max Jacob (1876-1944), s'est converti au catholicisme en 1921. Voir dans *Pr*, 1487, une lettre de Claudel à Max Jacob, datée du 13 janvier 1937, un des rares témoignages connus sur leurs relations. Max Jacob sera arrêté par les Allemands à Saint-Benoît-sur-Loire et interné au camp de Drancy en 1944 où il mourra d'une congestion pulmonaire en novembre de la même année.

118. P. Claudel à J. Paulhan

Le 31 août [1942]

Cher ami,

Suivant v[otre] désir, j'envoie aujourd'hui à M. Jean Lescure[1] un poëme sur Saint Jérôme[2]. Pauvre *N.R.F.*!
De tout cœur

P. Claudel

---

1   Jean Lescure, fondateur de la revue semi-clandestine *Messages*.
2   «Saint Jérôme», daté du 26 octobre 1940, paraîtra à Genève dans *Domaine français:*
    Messages, Textes réunis par Jean Lescure, Editions des Trois collines, 1943.

119. P. Claudel à J. Paulhan

Château de Brangues
Morestel
Tél. N° 2 Brangues
Isère

Le 21 février [19]45

Mon cher Paulhan

Merci pour votre joli petit livre qui est un peu abstrait pour moi. Le mot «poésie» est si vague[1]! J'aurais aimé q[ue] v[ous] illustrassiez vos théories par une application à un thème de Virgile ou de Milton ou de Keats.

L'invitation q[ue] v[ous] me faites de collaborer à votre nouvelle revue[2] ne me laisse pas insensible, mais ma pauvre cervelle est obligée de vous opposer la fatale inscription «Occupée». Et cependant j'aurais beaucoup de choses à dire sur la peinture moderne, qui est surtout effroyablement ennuyeuse. La visite d'une exposition où l'on ne sort pas des paysages, des natures mortes et des académies bêtes et mal peintes, soulève le cœur. Il n'y a plus composition, fantaisie, imagination, sensibilité. Je suis finalement persuadé q[ue] le «sujet» pourrait bien être la chose capitale, contrairement au préjugé en vogue.

Et quelle déchéance que l'illustration! J'ouvrais, il y a q[uel]q[ue] temps, un volume de la vieille Bibliothèque rose. Quelles merveilles! Où sont aujourd'hui les artistes q[ui] en seraient capables? La photographie a tout tué! Si seulement on savait s'en servir...

---

1 Il s'agit de *Clef de la poésie qui permet de distinguer le faux du vrai en toute observation ou Doctrine touchant la rime, le rythme, le vers, le poète et la poésie*, Paris, Gallimard, 1944 (ouvrage dédicacé par Jean Paulhan le 8 février 1945, voir *Catalogue de la bibliothèque de Paul Claudel, op. cit.*, p. 123).

2 Il s'agit des *Cahiers de la Pléiade*, dont la première livraison paraît en avril 1946.

Je doute q[ue] ce pessimisme soit très apprécié de vos lecteurs!
Bien amicalement

P. Claudel

Et quelle incapacité à voir de la beauté!

120. P. Claudel à J. Paulhan

Château de Brangues
Morestel
Tél. N° 2 Brangues
Isère

Brangues, le 25/4/[19]45[1]

Mon cher Paulhan

Oui, Madaule me paraîtrait un très bon choix. *Partage de midi* doit être laissé inexorablement en dehors[2].
Je vous serre bien amicalement la main

P. Claudel

---

1   La date est presque illisible.
2   Pour Jacques Madaule, voir la lettre n° 69. C'est lui qui se chargera de la publication en 1947 et 1948 de la première édition des deux volumes du *Théâtre* de Claudel dans la Pléiade. Dans une lettre à Madaule du 16 juin 1945, Jean Paulhan confirmera ce mot de Claudel: «Cher ami, voudriez-vous bien accepter de vous charger de l'édition à la Pléiade du *Théâtre complet* de Claudel? Claudel le souhaite. (Malheureusement, il semble peu disposé à vous – et nous – céder *Partage de midi*).» (Paul Claudel – Jacques Madaule, *Connaissance et reconnaissance, op. cit.*, p. 306). La première édition de *Partage de Midi* parut en 1906 à la Bibliothèque de l'Occident; cette édition, limitée à 150 exemplaires, fut distribuée à des amis. En 1928, une autre édition limitée fut tirée pour les Cent Une (société de bibliophiles) sur les presses de Léon Pichon à 101 exemplaires numérotés et nominatifs. *Partage de Midi* fut publié ensuite en 1946 chez Mermod à Lausanne, en 1947 aux éditions de La Table Ronde, en 1948 au Mercure de France avec une préface inédite et la même année dans le tome I du *Théâtre*, Bibliothèque de la Pléiade. Il fut créé en 1948 au Théâtre Marigny par la Compagnie Madeleine Renaud – Jean-Louis Barrault. On sait que *Partage de Midi* met en scène la liaison de Claudel avec Rosalie Vetch à Foutchéou de 1900 à 1904, c'est pourquoi Claudel a longtemps refusé de livrer au public cette œuvre si intimement liée à sa vie.

121. P. Claudel à J. Paulhan

11, boulevard Lannes. XVI°

le 19.5.[19]49

Mon cher Paulhan

Le moment est en effet sans doute venu pour moi de m'ouvrir à la
pensée de S. John Perse[1], mais ce n'est pas une petite affaire pour moi,

---

1 Alexis Leger, en diplomatie, Alexis Saint-Léger Léger puis Saint-John Perse, en
littérature (1887-1975), diplomate et poète français. Claudel le rencontra chez
Francis Jammes en 1905. Les premiers poèmes d'Alexis Leger parurent dans *La
N.R.F.* en 1909. Poussé par Claudel, il entra dans la carrière diplomatique en 1914 et
occupa son premier poste à la légation de France à Pékin de 1916 à 1921; il fut
nommé Chef de Cabinet de Briand en avril 1925 puis Secrétaire Général du Quai
d'Orsay en mars 1933 en remplacement de Philippe Berthelot. Belliciste, et victime
d'un règlement de compte au sein du ministère, il s'exile à Washington de 1940 à
1957. En avril 1945 il envoie quatre de ses poèmes à Claudel (voir *J.* II, 513 et note
p. 1091): *Exil*, suivi de *Poème à l'Etrangère, Pluies, Neiges*, Gallimard, collection
«Métamorphoses», 1945. Dans une lettre à Claudel du 3 janvier 1948, Saint-John
Perse écrit: «j'ai pu vous faire lire *Exil* et *Vents*, et vos deux lettres ont été ma récom-
pense» (Saint-John Perse, *Œuvres complètes*, Gallimard, Bibliothèque de la Pléiade,
1972, p. 1014). Dans une autre lettre du 23 juin 1949, toujours à Claudel, il fait
allusion à la préparation d'un numéro d'Hommage des *Cahiers de la Pléiade* qui lui
sera consacré: «J'ai su [...] que vous vouliez me consacrer quelque chose de votre
plume. [...] Informé de votre amicale pensée, [...] je me suis permis, à tout hasard,
d'en faire état auprès de Jean Paulhan, qui m'entretenait, dans le moment même, de
la préparation d'un numéro d'hommage aux ‹Cahiers de la Pléiade›.» (*op. cit.*,
p. 1015). Claudel lui répond le 29 juin 1949: «Paulhan me tourmente pour que je lui
donne cette étude. Je ne la ferai que si vous-même m'en témoignez personnellement
le désir. Je n'ai de sympathie particulière ni pour T. S. Eliot ni pour Ungaretti. [...] Il
faut que l'article très étudié que j'ai l'intention de vous consacrer [...] vous établisse
en pleine lumière à votre rang. C'est donc, d'après les dimensions, soit à la *Revue de
Paris*, soit au *Figaro littéraire*, que j'ai l'intention de l'envoyer.» (*Bulletin de la
Société Paul Claudel*, n° 133, 1ᵉʳ trimestre 1994, lettres présentées par Gérald
Antoine, p. 17); et le 26 juillet 1949, Claudel insiste: «Je viens de terminer la longue
étude [...] que j'ai consacrée à *Vents*. [...] Je destine cette œuvre importante à la
Revue de Paris. Cela vaudra mieux pour vous que d'être enterré dans le recueil ridi-
cule et fétide de Jean Paulhan. Je vous embrasse. Quel grand poëte vous êtes

261

qui vis dans une sphère toute différente. A mon âge on ne se prête pas si facilement à ces irruptions.

En tous cas ne me pressez pas. J'ai besoin du silence et du loisir de la campagne. Et je ne suis nullement pressé de figurer aux côtés de Eliot[2] et de Ungaretti[3].

Amicalement

P. Claudel

---

devenu!» (*op. cit.*, p. 17). Sous le titre «Un poème de Saint-John Perse», l'étude de Paul Claudel fut donc publiée dans la *Revue de Paris* du 1er novembre 1949. Après révision et corrections effectuées avec l'accord de Paul Claudel, la même étude sera reprise en 1950 dans le numéro d'Hommage des *Cahiers de la Pléiade*, n° X. Claudel autorisera cette reproduction à titre de contribution personnelle à l'hommage international que prépare Jean Paulhan en l'honneur de Saint-John Perse précisément intitulé *Honneur à Saint-John Perse*, publié chez Gallimard en 1965, pp. 43-52 (voir Saint-John Perse, *Œuvres complètes, op. cit.*, p. 1300). Il s'agit enfin d'un des rares textes critiques, avec *Enigme de Perse* de Jean Paulhan et *Amers, une poésie du mouvement* d'Albert Henry, dont Saint-John Perse souhaitera reproduire de larges extraits dans les notes de ses *Œuvres complètes* dans la Bibliothèque de la Pléiade (*op. cit.*, pp. 1122-1130).

2   Claudel n'appréciait guère le poète anglais d'origine américaine, Thomas Stearns Eliot (1888-1965). Le 1er janvier 1949, il écrivait dans son *Journal*: «T. S. Elliot (*sic*), ce pseudo-poète comme il est un pseudo-catholique, un fabricant et un tripoteur sans aucun génie dans le *goût* de nos pires symbolistes. Une espèce de d'Annunzio anglais» (*J.* II, 666) et en avril 1954: «Ce T. S. Elliot (*sic*) a une très faible originalité. Il y supplée 1° par l'artifice, et 2° par l'inspiration qu'il puise chez les autres. C'est le d'Annunzio anglais.» (*J.* II, 861).

3   L'œuvre poétique de l'écrivain italien Giuseppe Ungaretti (1888-1970), a été réunie en 1969, sous le titre *La Vie d'un homme*. Eliot et Ungaretti traduisirent chacun dans leur langue des œuvres de Saint-John Perse. Voir aussi *Correspondance Jean Paulhan – Giuseppe Ungaretti, 1921-1968, op. cit.*

122. P. Claudel à J. Paulhan

11, boulevard Lannes. XVI°

le 1 Juin [19]49

Mon cher Paulhan

Dans l'intérêt de l'élargissement à donner au rayonnement poétique de notre ami S.[aint] J[ohn] P[erse], je crois que mon essai devrait trouver sa place dans une revue moins «hermétique» que vos *Cahiers*[1]. Soit dit sans vous offenser! En outre je dois vous avouer que je répugne à m'aligner avec T. S. Eliot et Ungaretti, pour qui mes sentiments ne sont pas ceux de l'admiration.

Je vous serre amicalement la main

P. Claudel

---

1   Voir la note 1 de la lettre précédente. Le 14 juillet 1949, Claudel commencera à s'«occuper de l'article promis à Alexis Léger *(sic)*» (*J.* II, 693) et le 26 juillet il notera: «Terminé mon étude sur *Vents* de S[aint] J[ohn] P[erse]» (*J.* II, 694); cet article est repris dans *Pr*, 613. – Rappelons cependant que Claudel a déjà publié en tête du numéro de l'hiver 1948 des *Cahiers de la Pléiade* (n° III, pp. 11-28) «La lune à la recherche de son endroit» qui sera repris dans *Théâtre*, Bibliothèque de la Pléiade, tome II, 1948. Cette «extravaganza radiophonique» écrite en septembre 1947 deviendra *La Lune à la recherche d'elle-même* (voir *Th.* II, 1319-1334 et 1548-1549).

123. P. Claudel à J. Paulhan

Château de Brangues
Morestel
Tél. N° 2 Brangues
Isère

le 15 Juin [19]49

Mon cher Paulhan

Un peu de patience! Je suis engagé actuellement dans un travail important et difficile, il me faut une quinzaine de jours encore[1]. Ensuite je
verrai à tenir ma promesse.

Comprenez-vous, et notre ami comprend-il quel effort il me faut faire
pour m'adapter à un point de vue si étranger au mien[2]?

Quant à la revue que vous dirigez, ne vous étonnez pas que le vieux
homme que je suis s'y sente quelque peu ahuri et dépaysé. Passe encore
pour les deux noms que vous indiquez, mais ceux de Jean Genet[3] ou
d'André Gide ne me sont pas moins déplaisants.

Je vous serre la main

P. Cl.

---

1   Il s'agit du commentaire d'Isaïe qui sera publié sous le titre *L'Evangile d'Isaïe*, et
    dont le manuscrit sera terminé le 3 février 1950.
2   Dans sa lettre à Saint-John Perse du 29 juin 1949, Claudel souligne cette difficulté:
    «je me sens devant votre œuvre comme devant quelque chose d'important et que l'on
    n'aborde pas, comme c'est le cas de le dire, à la légère. […] Et du fait de votre
    agnosticisme total, mon cher Leger! vous êtes si loin de moi!» (*Bulletin de la Société
    Paul Claudel, op. cit.*, pp. 16-17). Saint-John Perse, quant à lui, écrira un texte
    d'hommage à la mémoire de Claudel à la mort de celui-ci («Silence pour Claudel») –
    Ecrit en mer, 4 mars 1955 (Saint-John Perse, *Œuvres complètes, op. cit.*, p. 483),
    mais il refusera par la suite une étude sur l'œuvre de Claudel par une longue réponse
    faite à Henri Hoppenot au sujet de l'hommage solennel que beaucoup attendaient de
    lui pour célébrer le centenaire de la naissance de Claudel en 1968 (voir *Bulletin de la
    Société Paul Claudel, op. cit.*, p. 4).
3   L'auteur dramatique Jean Genet (1910-1986), emprisonné pendant la guerre pour
    divers larcins, écrivit en prison *Notre-Dame-des-Fleurs* (1944) et *Miracle de la rose*

(1946); en 1949 paraît *Le Journal du voleur*. En avril 1951, Claudel notera ironiquement dans son *Journal*: «Hervé Bazin, André Gide, Jean Genet, Jouhandeau, jolie collection.» (*J.* II, 768). Si Jean Genet n'a pas été publié dans les *Cahiers de la Pléiade*, Gide publia *Thésée* dans la première livraison du numéro d'avril 1946 (pp. 9-42) et un portrait de «Bernard Groethuysen» dans le second numéro d'avril 1947 (pp. 123-124).

124. P. Claudel à J. Paulhan

11, boulevard Lannes. XVI°

le 28 déc[embre 19]49

Mon cher Paulhan

Je vous autorise bien volontiers à donner cet extrait de mon article sur le poëme de S[aint] J[ohn] P[erse][1].

Quant à une collaboration éventuelle à vos *Cahiers*, nous en reparlerons une autre fois[2]…

Bien amicalement vôtre

P. Claudel

---

1   Voir la lettre n° 121.
2   Voir la lettre n° 122, note 1.

125. P. Claudel à J. Paulhan

11, boulevard Lannes. XVI°
Trocadéro 26-30

22 nov[embre 19]52

Mon cher Paulhan

J'apprends avec grand plaisir la nouvelle de la résurrection de la *N.R.F.*
sous votre direction et celle de Marcel Arland[1]. Je lui souhaite une carrière aussi brillante que celle de sa devancière.
Je serai heureux d'y collaborer à l'occasion.
Bien amicalement

P. Claudel

---

1 Marcel Arland (1899-1986) avait obtenu le prix Goncourt avec son roman *L'Ordre*
   en 1929. Collaborateur assidu de *La N.R.F.* de l'entre-deux-guerres, il en devint le
   codirecteur avec Jean Paulhan de 1953 à 1968 avant d'en prendre la direction. Nous
   n'avons pas connaissance d'un échange de correspondance entre Paul Claudel et
   Marcel Arland, mais Claudel possédait dans sa bibliothèque de Brangues trois ouvrages de Marcel Arland, dont deux sont dédicacés: *Les Ames en peine*, Gallimard,
   1927, *Zélie dans le désert*, Gallimard, 1944 et *La Prose française. Anthologie,
   histoire et critique d'un art*, Stock, 1951 (voir *Catalogue de la bibliothèque de Paul
   Claudel, op. cit.*, p. 10). La correspondance Paulhan – Arland a été publiée par Jean-
   Jacques Didier *(op. cit.)*.

126. P. Claudel à J. Paulhan

11, boulevard Lannes. XVI°
Trocadéro 26-30

le 10-2-53

Mon cher Paulhan

Voulez-vous Samedi prochain à 3 h? Je serai heureux de vous voir et de renouveler connaissance avec vous.

Bien amicalement

P. Claudel

127. P. Claudel à J. Paulhan

11, boulevard Lannes. XVI°
Trocadéro 26-30

le 11 juin [19]53

Mon cher Paulhan

C'est un petit malentendu sur lequel je me suis expliqué avec Amrouche[1], mais naturellement j'aurais été heureux de revoir les épreuves, sans vouloir ôter au texte son caractère de spontanéité.
Je vous ai renvoyé hier celles du second entretien.
Merci pour les conditions généreuses que vous me faites.
Je pars dans quelques instants pour Brangues où je resterai jusqu'aux premiers jours d'octobre.
Croyez à mes sentiments bien amicalement dévoués

P. Claudel

---

1   L'écrivain algérien de nationalité française, Jean Amrouche (1906-1962), proche de Gide, fondateur de la revue *L'Arche* à Alger qu'il tenta d'imposer à Paris après la guerre, est l'auteur de nombreux entretiens radiophoniques avec des écrivains tels que Mauriac, Gide, Claudel. Le 3 janvier 1950, Claudel notait dans son *Journal*: «Je donne à la radio mon premier entretien avec Amrouche» (*J.* II, 715): c'est le début d'une série d'entretiens diffusés en deux séries sur la Chaîne Nationale (quarante-deux émissions), du 21 mai au 12 juillet 1951 et du 1er octobre 1951 au 14 février 1952, à l'initiative d'Henry Barraud, directeur de la Chaîne Nationale. Ces entretiens ont été repris en volume sous le titre de *Mémoires improvisés* (Gallimard, 1954, réséd. 2001); ils ont paru auparavant dans *La Nouvelle N.R.F.* de juin, juillet et août 1953 (en tête de sommaire).

128. P. Claudel à J. Paulhan

11, boulevard Lannes. XVI°
Trocadéro 26-30

le 16 février [19]54

Mon cher Paulhan

C'est de tout cœur que je m'associe à l'hommage que vous rendez à Supervielle, ce poète insaisissable et charmant qui tient de l'oiseau et de la fée, et dont le chant, comme le moqueur de la forêt américaine, est de localiser l'endroit où il n'est pas[1].

Croyez, je vous prie, à mes sentiments les meilleurs

P. Claudel

---

1 Le poète, romancier et dramaturge Jules Supervielle (1884-1960), né à Montevideo, très proche de Jean Paulhan, a publié une grande partie de son œuvre aux éditions de la NRF dont il fut aussi un collaborateur. Cette lettre de Claudel parut textuellement et sans titre sur la page de couverture du numéro *Hommage à Jules Supervielle* publié par *La N.R.F.* en août 1954 (voir *Pr*, 1488). Participent, entre autres, à ce numéro d'hommage, Henri Michaux, Georges Schehadé et Gabriel Bounoure. Une lettre de Roger Caillois à Jules Supervielle, datée du 7 juillet 1954, se trouve à la rubrique «Notes».

129. P. Claudel à J. Paulhan

11, boulevard Lannes. XVI°
Trocadéro 26-30

le 1er novembre [19]54

Mon cher Paulhan

Je serais heureux de vous être agréable, mais mon dialogue sur Racine a
été écrit littéralement sur commande. C'est Barr[ault] qui me l'a demandé pour ses *Cahiers* et qui en a donc virtuellement la propriété[1].
Avec mon meilleur souvenir

P. Claudel[2]

---

1 «Conversation sur Jean Racine», daté du 7 octobre 1954, avait été demandé à Paul
   Claudel par Jean-Louis Barrault; il sera publié dans les *Cahiers de la Compagnie
   Madeleine Renaud – Jean-Louis Barrault*, n° 8, 1955. *Le Figaro littéraire* en publiera un fragment, «Eloge du vers de Racine», le 1er janvier 1955. Les éditions
   Gallimard le feront paraître en plaquette en 1956 (voir *Pr*, 448 et 1459). En septembre 1954, Claudel notait dans son *Journal*: «Du 1er au 25, crise de sciatique. Je
   passe dix jours à la clinique d'Aix-les-Bains [...]. Pendant ce temps je mets en train
   mon essai sur Jean Racine demandé par J[ean]-L[ouis] B[arrault]» (*J*. II, 874).
2 Claudel mourra le 23 février 1955. Dans *Le Figaro littéraire* du samedi 26 février
   1955, Jean Paulhan publie un court texte d'hommage, «Il était la plénitude», parmi
   ceux d'Henri Mondor, Jacques Madaule, Robert Mallet, Jacques de Lacretelle, Jean-
   Louis Barrault, le Révérend-Père Maydieu, Edwige Feuillère. (Nous remercions
   Monsieur Bernard Baillaud de nous en avoir adressé une copie.) Dans son numéro
   d'avril, *La Nouvelle Nouvelle Revue Française* annonce sa mort en première page,
   dans un texte où l'on reconnaît le style de Jean Paulhan: «Si la mort de Paul Claudel
   a été ressentie comme un deuil national, la *Nouvelle Revue Française* s'en trouve
   particulièrement frappée. C'est qu'elle s'honore d'avoir compté Claudel parmi ses
   premiers collaborateurs, d'avoir défendu une œuvre qui restait à peine connue ou
   âprement discutée et de n'avoir pas attendu les funérailles officielles pour consacrer
   au poète (en 1936) un numéro d'hommage. La *Nouvelle Revue Française* publiera
   bientôt un nouvel ‹Hommage›, plus ample à la fois et plus précis. La gloire de
   Claudel serait moins éclatante, sans doute, s'il n'entrait dans les louanges plus d'un
   malentendu, d'un accommodement ou d'un calcul. Il appartient à cette Revue, où il
   publia quelques-unes de ses œuvres les plus fortes, de le défendre encore, cette fois

contre le jeu du temps, et de saluer son vrai génie.» Dans ce même numéro, à la rubrique «Le théâtre», paraît un article de Jacques Lemarchand, intitulé: «Il est arrivé à Claudel de mourir». Le numéro d'«Hommage à Paul Claudel» de la *Nouvelle Revue Française* paraîtra en septembre 1955. Y participeront notamment: Saint-John Perse, Francis Ponge, Maurice Blanchot, Jean Grosjean, Philippe Jaccottet, Pierre Oster, Arthur Honegger et Darius Milhaud.

Annexe

P. Claudel à J. Rivière

Ambassade de la
République Française
au Japon

Tokyo 8 octobre 1924[1]

Cher ami

Je reçois à l'instant votre lettre du 8 septembre et vous remercie de la large hospitalité que vous voulez bien m'offrir aux pages de la NRF. Hélas! Je crains d'y tenir une place formidable! La première Journée à elle seule occupe 63 pages serrées d'écriture (format du présent papier). Les autres ont à peu près la même dimension sauf la 3e qui occupe 91 pages! Il est vrai qu'on peut employer des caractères assez petits et gagner de la place en bloquant les noms de personnages dans le texte et même en ne se servant pour eux que d'initiales. – Le titre serait:

Le Soulier de satin
ou
le Pire n'est pas toujours sûr
Action espagnole
en IV Journées

Je pars pour France [*sic*] le 20 Janvier et serai donc à Paris dans les premiers jours de Mars. Il me faudra environ un mois pour faire recopier le texte entier sous ma dictée. La publication pourrait donc commencer dans votre numéro de Mai?

---

1 Cette lettre, restée inédite, est l'avant-dernière des lettres connues de Paul Claudel à Jacques Rivière. La dernière, datée du 9 novembre 1924, est publiée dans le *Cahier Paul Claudel*, n° 12, «Correspondance Paul Claudel – Jacques Rivière 1907-1924», *op. cit.*, pp. 278-279.

Comme pseudonyme j'ai envie de prendre *P. de la Chapelle*, ce qui serait un hommage bien naturel rendu à M. Pierre Lasserre (lequel sous le nom du Dr Pedro de las Sierras [*sic*] occupe d'ailleurs une petite place dans ma 3e Journée).

Il est impossible de fragmenter les «Journées». Elles devront être publiées d'un seul coup.

Je vous serre bien amicalement la main.

Claudel

Index des noms propres[1]

---

1 Index des noms et œuvres cités dans les lettres et les notes.
  Sont exclus de l'index: Claudel, Paulhan et la *N.R.F.*

Index des œuvres et périodiques

Bibliographie des articles
et ouvrages cités dans les notes

Bulletin de la Société Paul Claudel, n° 72, 4ᵉ trimestre 1978; «Claudel et l'art» (lettre de Charles Du Bos à Claudel): lettre n° 106

Bulletin de la Société Paul Claudel, n° 76, 4ᵉ trimestre 1979, «Paul Claudel Charles-Ferdinand Ramuz Lettres» (1918-1942): lettre n° 76

Bulletin de la Société Paul Claudel, n° 94, 2ᵉ trimestre 1984, «Charles Du Bos et Paul Claudel» (lettres de Claudel à Du Bos 1934-1938): lettre n° 106

Bulletin de la Société Paul Claudel, n° 133, 1ᵉʳ trimestre 1994, «Lettres de Paul Claudel à Alexis Leger – Saint-John Perse (1915-1949)» (présentées par Gérald Antoine): lettres n° 121, 123

Cahiers Paul Claudel n° 3, *Correspondance Paul Claudel – Darius Milhaud, 1912-1953*, préface de Henri Hoppenot, introduction et notes de Jacques Petit, Gallimard, 1961: lettres n° 26, 44, 52

Cahiers Paul Claudel n° 12, *Correspondance Paul Claudel – Jacques Rivière, 1907-1924*, texte établi et annoté par Auguste Anglès et Pierre de Gaulmyn, Gallimard, 1984: lettres n° 1, 2, 13

Cahiers Jean Paulhan n° 5, *Correspondance Jean Paulhan – Giuseppe Ungaretti, 1921-1968*, édition établie par Jacqueline Paulhan, Luciano Rebay et Jean-Charles Vegliante, Gallimard, 1989: lettres n° 73, 121

Cahiers Jean Paulhan n° 6, *Correspondance Jean Paulhan – Roger Caillois, 1934-1967*, édition établie et annotée par Odile Felgine et Claude-Pierre Perez, Gallimard, 1991: lettre n° 73

Cahiers Jean Paulhan n° 8, *Correspondance Jean Paulhan – Monique Saint-Hélier 1941-1955*, édition établie et annotée par José-Flore Tappy, Gallimard, 1995: lettres n° 116, 117

Cahiers Jean Paulhan n° 9, *Correspondance Jean Paulhan – André Gide, 1918-1951*, édition établie et annotée par Frédéric Grover et Pierrette Schartenberg-Winter, Gallimard, 1998: lettres n° 13, 30, 31, 38, 106, 111, 116, 117

Cahiers Jean Paulhan n° 10, *Correspondance Jean Paulhan – Marcel Arland, 1936-1945*, édition établie et annotée par Jean-Jacques Didier, Gallimard, 2000: Introduction et lettres n° 76, 111, 125

Cahiers Saint-John Perse n° 10, *Correspondance Saint-John Perse – Jean Paulhan, 1925-1966*, édition établie, présentée et annotée par Joëlle Gardes-Tamine, Gallimard, 1991: Introduction

Catalogue de la bibliothèque de Paul Claudel, Annales littéraires de l'Université de Besançon, 1979: lettres n° 2, 13, 67, 84, 90, 104, 119, 125

Jean Paulhan. La vie est pleine de choses redoutables, textes autobiographiques, édition établie et annotée par Claire Paulhan, «Pour mémoire», Seghers, 1989: lettres n° 11, 54, 104

*

Jacques Rivière et Paul Claudel, *Correspondance 1907-1914*, introduction d'Isabelle Rivière, Plon, 1926: lettres n° 6, 11, 13

Paul Claudel-Francis Jammes-Gabriel Frizeau, *Correspondance 1897-1938*. Préface et notes par André Blanchet, Gallimard, 1952: lettre n° 57

Paul Claudel et François Mauriac, *Correspondance 1911-1954*, édition par Michel Malicet et Marie-Chantal Praicheux sous le titre: *La vague et le rocher*, lettres modernes, Minard, 1988: lettres n° 28, 30, 109

Paul Claudel et Gaston Gallimard, *Correspondance 1911-1954*, édition établie, présentée et annotée par Bernard Delvaille, Gallimard, 1995: lettres n° 17, 22, 26, 28, 29, 81, 97

Paul Claudel et Jacques Madaule, *Connaissance et reconnaissance. Correspondance 1929-1954* Texte établi et présenté par Andrée Hirschi et Pierre Madaule, Desclée de Brouwer, 1996: lettres n° 69, 120

Michel Leiris et Jean Paulhan, *Correspondance 1926-1962*, édition établie, présentée et annotée par Louis Yvert, Editions Claire Paulhan-MM, 2000: lettre n° 111

*

Jürg Altwegg, «Réconciliation à retardement. Les rapports complexes entre Paul Claudel et les Allemands», *La Tribune d'Allemagne*, n° 978, Hambourg, 23 janvier 1983: lettre n° 23

Gérald Antoine, *Paul Claudel ou l'Enfer du génie*, Laffont, 1988: lettres n° 1, 3, 20, 21, 26, 59

Jean-Luc Barré, *Le Seigneur-Chat, Philippe Berthelot, 1866-1934*, Plon, 1988: lettre n° 20

Charles Baudelaire, *Œuvres complètes*, éditées par Claude Pichois, Bibliothèque de la Pléiade, Gallimard, 1976: lettre n° 54

Charles Baudelaire et ***, *Mystères galans du théâtre de Paris*, avec une introduction et des notes de Jacques Crépet, Paris, Gallimard, 1938, 219 p.: lettre n° 54

Christelle Brun, *Paul Claudel et le monde germanique*. Thèse de doctorat sous la direction du professeur Michel Autrand, Université de Paris IV-Sorbonne, janvier 2001: lettre n° 23

Charles-Albert Cingria, *Correspondance générale*, publiée par Edmond Laufer, Lausanne, L'Age d'Homme, 1979: lettres n° 38, 57

Pierre Citron, *Giono: 1895-1970*, Paris, Ed. du Seuil, 1990: lettre n° 84

Paul Claudel, *Le Poëte et la Bible*, 1910-1946, édition établie, présentée et annotée par Michel Malicet, avec la collaboration de Dominique Millet-Gérard et Xavier Tilliette, Gallimard, 1998: lettres n° 22, 58, 71, 104

Paul Claudel, *Théâtre*, introduction, chronologie, textes établis par Jacques Madaule, Paris, Gallimard, Bibliothèque de la Pléiade, tome I: 1947, tome II: 1948: Introduction et lettres n° 120, 122

Jean Giono, *Œuvres romanesques complètes*, édition établie par Robert Ricatte, Paris, Gallimard, Bibliothèque de la Pléiade, 1971, tome I: lettre n° 84

Jacques Houriez, «*Pilate*, ou le regard de l'innocence», in *Jean Grosjean Poète et prosateur*. Actes du colloque de Besançon (Janvier 1997). Textes réunis et présentés par Catherine Mayaux, L'Harmattan, 1999: lettre n° 32

Jean Lacouture, *Une adolescence du siècle. Jacques Rivière et la «N.R.F.»*, Gallimard, 1994: lettres n° 11, 13

Pascal Lécroart, *Paul Claudel et la musique scénique. Du «Christophe Colomb» au «Livre de Christophe Colomb» (1927-1952)*. Thèse de doctorat sous la direction du professeur Michel Autrand, Université de Paris IV-Sorbonne, 1998. Thèse publiée sous le titre: *Paul Claudel et la rénovation du drame musical*, Sprimont (Belgique), Pierre Mardaga éditeur, 2004: lettre n° 26

Stéphane Mallarmé, *Œuvres complètes*, édition présentée, établie et annotée par Bertrand Marchal, Bibliothèque de la Pléiade, Gallimard, 1998: lettre n° 10

Catherine Mayaux, «Exégèse et poésie: le cas de Judith» à paraître dans les Actes du colloque de Toulouse de mars 2001: *L'écriture de l'exégèse dans l'œuvre de Paul Claudel*, sous la direction de Didier Alexandre: lettre n° 51

Dominique Millet-Gérard, *Anima et la Sagesse*, Paris, Lethielleux, 1990: lettres n° 51, 58

Ovide, *Métamorphoses*, texte établi, annoté et traduit par Georges Lafaye, Paris, Les Belles Lettres, 1928: lettre n° 42

Claire Paulhan, *Jean Paulhan. La vie est pleine de choses redoutables* (voir plus haut)

Jean Paulhan, *Œuvres*, éd. Tchou, 1966-1970: lettre n° 14

Jean Paulhan (éd.), *Honneur à Saint-John Perse*, Paris, Gallimard, 1965, 817 p.: lettre n° 121

Saint-John Perse, *Œuvres complètes*, Bibliothèque de la Pléiade, Gallimard, 1972: lettres n° 121, 123

Paul Valéry, *Œuvres*, édition établie et annotée par Jean Hytier, Bibliothèque de la Pléiade, Gallimard, 1960: lettre n° 47

Virgile, *Enéide*, traduction Bellesort, Paris, Les Belles Lettres, 1936: lettre n° 34

La Sainte Bible commentée d'après la Vulgate, traduction de l'abbé Fillion, tome II, Paris, Letouzey et Ané, 1899: lettre n° 108